「人生学校」はすばらしい

谷口清超

日本教文社

はしがき

人はみなこの世に生れてきて、死んで行く。何のために生れたのか、分らないという人もいるが、それも次第に分るようになる。何故《なぜ》分らないのかというと、人はみな「人生学校」に入学するのだということを知らないからであろう。普通の学校なら、入学試験があったり、入学の通知があったりするのでよく分るが、「人生学校」にはそんな面倒《めんどう》くさいものは何もない。

入学する本人としては、スルスルっと生れたと思っているかも知れないが、生んだお母さんも本人は、とても苦労したし、お父さんも色いろと気や力を使って下さった。

それだのに、生れた赤ちゃんは、そのことを知らないと思っているだけである。しかし「人生学校」はすばらしいから、だんだん分るようになり、さらに次に入る学校もあるのだと分るようになる。

それは丁度《ちょうど》「小学校」に入学した生徒が、次に「中学校」へ入るのだと分るようなものであり、さらに高校や大学……と沢山《たくさん》あるということが分るようなものである。だから、この世の生活が終ったら、それっきりいなくなる、消えて無になるのではないのだ。

いくらでも「人生学校」は続く。それが分るだけでもスバラシイことではないだろうか。どうしたら、それが分るのか。この点については、「はしがき」だけではなくて、本文を読んでいただきたい。そうでないと、第三章まで書いて編集してある意味がなくなるからである。

さて第一章には「わが内なる無限力」とあり、第二章には「明るいたのしい人生学校」、そして第三章には「神の子を生きる」という題でのっている。この目次だけ読んで、分ったという人がいても、分った上で分ってもらいたいから、やはりおしまいまで読んで下さると、とてもありがたいのである。

このやさしく書いた新書判のシリーズは、本書で八冊目になるが、なるべく分りやすく書いたつもりだ。「人生」というのはもともと分りにくいことも一杯《いっぱい》あり、多くの科学でも分らない所を分らそうと努力している。こうしてもろもろの科学は発達してきたし、医学も大いに進歩した。それでも分らない所が沢山のこっていることも、分っている。

しかし人はとにかく中途半端《ちゅうとはんぱ》で「分った」と思ったり、学問や学説が完全だと思い上がったりする。けれども「人間の無限力」とか「永遠のいのち」とか「人は神の子だ」「仏さまだ」というようなことが、本当に分るために「人生学校」が限りなく続くのだから、分らない所があっても、あせる必要はない。ただ力一杯生きることが大切だということは、この本にも色いろと書いてある。

その力はすでに内在していて、誰《だれ》にでもあるが、やはり力を出す練習をするほど、沢山出てくる。しかも力は無限だから、無限に生きて「すばらしいいのち」を大いに楽しむのが望ましい。そこで「人生学校」はすばらしいという題になったと思っていただくと、大変ありがたいのである。

平成十二年八月十五日

谷口清超しるす

「人生学校」はすばらしい　目次

Ⅲ 神の子を生きる

イラスト　丹藤えり

I　わが内なる無限力

1　いのちは生き通す

二つの考え方

いのちについては、大略《たいりやく》して二つの考え方がある。一つは「いのちは大切だ」という考え方と、もう一つは「いのちはそんなに大切ではなく、いつか消えてなくなるものだ」という考え方である。

私たちはお金を持っている。お金も大切だと思うから、金庫にしまったり、銀行にあずけたりする。けれども、そのお金が、いつの間にか消えてなくなったと知ったら、どう思うだろう。何とも思わず、

「いや、お金はいつか消えてなくなるものだ」

と言って、〃お金のお墓〃か何か建てて、拝《おが》むだろうか。何もないものを拝んだり、線香を立て、花をそなえ、オボンとか命日《めいにち》とか言って拝むのはおかしなものだ。全世界の人々は、大部分がお墓を建てて礼拝するが、それは人間の死体の焼け残り（灰）を拝んでいるのではない。それはまだ、どこかで生き続けておられる人々のいのちを拝んでいるのである。それは人々が、

「いのちは大切だ。目には見えないが、生きておられる」

と思うからではないだろうか。ところが、

「いのちなど、やがてなくなって消えてしまう。肉体が死ねば、もういのちはどこにもない」

と思う人は、あまりいのちを大切にしないに違いない。何故《なぜ》なら、金庫や財布に入れておいたお金でも、いつか消えてしまうと思ったら、そんな夢か幻《まぼろし》かのようなものを大切にして、ふえたとかへったと言って大騒ぎする必要はない。つまり大切にしても仕方がないと思うに違いないからである。

だから「いのちは消えてなくなる」と思っている人は、どうしてもいのちを粗末《そまつ》にする。そして自分のいのちばかりではなく、他人のいのちも、動物たちのいのちも粗末にして、虐待《ぎゃくたい》したりする。いじめたり、欲望にまかせて飲み食いして、結局身体をこわし、家族や他人に迷惑を与え、この地上から去って行くのである。時によると、他人に毒をのませたり、銃弾を撃《う》ち込んだり、放火したりすることもある。池袋あたりで突然人々を切りつけたりした人も、きっと「いのちが消える」式の考え方をしていたのであろう。

本当のいのち

ところが、いのちがなくなったり、消えたりするというのは、肉体のいのちを考えているからだ。しかし肉体は人間の本当の「いのち」、つまり生き通している「神の子」「仏の子」(仏)の一時的な仮の道具なのである。とても便利な道具で、使い勝手がよく、どこへでも動いて行ってくれるし、物を持ち上げたり、着物をぬったり、食事をこしらえたりしてくれる「万能ロボット」のようなものだ。

あるいは又テレヴィジョンのようでもあるから、いろいろと面白い光景を見せてくれたり、音楽演奏を聞かせてくれたりする。つまり心のままに動き回るテレビ兼《けん》ロボットのようなものだ。

しかも肉体には心があり、その心のままにしゃべったり、動いたり、考えたりしてくれるようだ。その心は、何となく主人公の心と似ているが、根本的にちがうのは、その機械が故障すると消えてしまう。テレビの電源が消えると、テレビは動かず、声を出さず、ロボットも同じように電気が切れると（電池がなくなると）動かなくなるだろう。

この心をいのちと思っていると、いのちは消えると言うかも知れない。しかしその心は「本当のいのち」の心、神の子・人間の心（本心）ではない。ちょうど、電源が切れた時、テレビの映像のアナウンサーはどこかに消えてしまって、物も言わず、動きもしない。しかし本物のアナウンサーはまだ生きている。やがて電源がつくと、その姿がまたテレビに現れてしゃべるだろう。デジタルハイヴィジョンとなると、別の新形ロボットとして、もっとうまく動いたりしてくれるかも知れないのである。

つまり、消えない「いのち」というのは、目に見えている肉体のいのちではなく、肉体という道具が消えてもこわれても、まだ生き通している「完全円満ないのち」のことである。しかも「完全円満」であるから、永久に死なず、滅びず、無限力をもって、生き通すのだ。

見えなくてもある

「そんないのちなんか、見えないよ。アルかナイか分からない――」

という人がいるかも知れない。しかし今は科学が発達したから、今まで見えなかった遠い所の星雲が見えて来たり、太陽系以外の天体が生まれてくる「宇宙の創造」の変化が宇宙望遠鏡で見えたりしている。つまり、今まで見えなかったものや、聞えなかった世界が次第《しだい》に現れて、見えたり聞えたりするようになって来た。

だから「見えない」というのとナイというのは全くちがうのだ。この世の中には見えなくて聞えなくて、手にふれることも出来ないものが沢山《たくさん》ある。それは何か。

人々の智慧《ちえ》や愛は見えないし、聞えない。人は智慧を見たことがない。どんなテストをしても、本当の智慧は分からない。見えているのは、テストの紙に書かれた文字であったり、記号であったり、遺伝子のような暗号文字だったりするが、それは「本当の智慧」そのものではないのである。

テストの答案の文字のようなもので、テストが悪かったというのは、書いた文字や文章が間違っていたということだ。書いたあなたの「本当の智慧」ではない。悪いのは「答案用紙だ」と言える。ところがそれをあなたの智慧だと思い込むと、

「私は頭が悪い」

などと妙なことを信じだす。すると肉体の頭の方も、そのあなたの心の通り、あまり働いてくれないから、いくら勉強しても、すぐ忘れたりするようになるのである。

無限を生きる

だから肉体のあらゆる所は、あなたの心に忠実に従ってくれるロボットだと言える。このロボットをうまく使いこなしたら、色々面白いことが、ロボットの能力内で、出来るよ

うになるのだ。肉体でも百米《メートル》の競走の練習をしていると、九秒くらいで走れるようになるだろう。しかし、二秒で走るという訳には行かないのは、肉体という道具には限界があるからだ。

全ての道具には、能力的に限界がある。それ以上の力を出そうとすると、その道具を取りかえて、別の新しい能力の道具にする必要がある。肉体がある年数たつと死ぬのは、その〝取り替え〟のためであって、人間の本当の「いのち」が消え去ったのでも何でもない。まだまだ生き通していると考える外《ほか》はないのである。

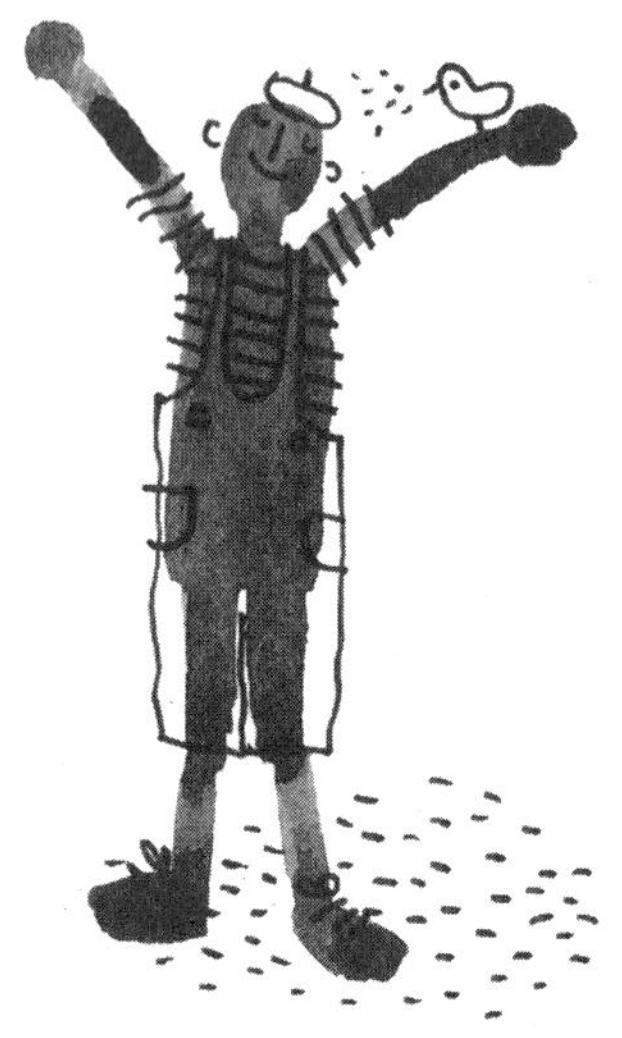

しかもどのくらいの年数生きるかというと、「無限年数」生きる。これを仏教では「百千万億那由多劫《なゆたこう》」と言った。一劫《こう》というのは、方高四十里の石を天人が三年に一度衣《ころも》の袖《そで》でそっと拭《ぬぐ》うと、やがてその石がちびて無くなるまでの長い年数を言う。インドの古い言葉

で那由多《なゆた》というのは一千億（阿由多《あゆた》の百倍）のことで、その百千万億倍の年数が「百千万億那由多劫」であり、一口にいうと無限年間ということである。それだけ生きるのが「いのち」なのである。

人生は先生だらけ

人によると、「そんなに永く生き通すのではあるまい。せいぜい、この地球がなくなるまでくらいではないか」と疑うかも知れない。しかし、地球も太陽も物質だから、やがて今のような形ではなくなり、宇宙の塵《ちり》になってしまうかも知れない。しかしだから「いのち」もなくなるという証拠や証明は、どこにもないのである。

しかも大変永く生きたが、五千年たったらなくなるとか、一万年でなくなるというのなら、百年でなくなるのと、そう大した変わりはない。やはり「消えてしまう」というのでは、今アルという意味や値打ちがなくなってしまうだろう。

だから、どう考えても、本当の「いのち」は「生き通す」という外はない。その「いののち」はあなたのいのちであり、私のいのちである。これを「神性《しんせい》」といい「仏性《ぶっしょう》」ともいう。この大真理を信じないという人がいても、やがてどうしても信ずるようになる。それは人生という「人生大学」に繰り返し入学しているうちに、段々と深く教えられてくる。つまり人生での全ての出来事は、それを教えてくれる先生のようなものだからだ。

例えば少年期に繰り返し行なったことが、とても大きな教訓を与えてくれていたということがある。平成十一年十月三日の『産経新聞』には、次のようなエッセー・コンテストの作文がのせられていた。「長距離ランナーの秘密」という題で――

『中学一年の時だった。校内マラソン大会があった。優勝者は、陸上部員だと誰《だれ》もが思っていた。しかし、予想に反して同級生のAだ。彼は、小学生の時から「いじめられっ子」のレッテルが貼《は》られていた。

校内新聞に彼が笑顔でゴールした写真が載《の》った。そして、彼の談話があった。「新聞配達を続けていたら、持久力ができたみたいです。将来、長距離ランナーになりたいと思います」。それを機会に、Aは何ごとにも自信を付けていった。もういじめる者は誰もいなくなった。

その後、彼は全国的に有名な陸上部がある高校に進学した。その間中も、新聞配達を続けていた。

ある体育大学に入学した夏休み、自動車事故でランナーの道を閉ざされてしまった。しかし、今の彼は、そんな過去のことなど誰にも話さない。新聞販売営業所長として頑張っている。町内体育会長として「顔役」でもある。』

新聞配達をするには、毎日朝早く起きて、かなり運動をして、走り回らなくてはならないだろう。その時はつらいと思ったり、みじめだと思うこともあるかも知れないが、それを続けているうちに、とても大切なことを学び取る。知識としてではなく、体験を通して、心が学び取り、その心を「心」が祝福してくれ、すばらしい運命になって行くのである。

このエッセーの作者は岐阜市の後藤順さんという人だが、同じエッセー・コンテストの入選作に、奈良県御所《ごせ》市の植山博子さんの「君も」(十月五日紙上)というのもあった。

『結婚を約束した彼を初めて父に会わせた時のこと。父が彼を歓迎していないのは誰が見ても明らかで、会話もと切れと切れ。彼も可哀想なくらい固くなっていて時間ばかりが過ぎたが、彼が自分の事を話し始め「親からの援助がなく、浪人中は新聞配達をしながら勉強をしました」と言った時だった。「君も新聞配達をしていたのか」と父。父の顔がふっとなごんでいた。初めて耳にしたのだが、父も学生の頃、家計を助ける為に新聞配達をしていたというのだ。その後はお互いの苦労話に始まって会話も弾み、彼の帰る頃には空気もずい分やわらいでいた。

結婚が認められたのはそのため、とまでは言えないが、毎日黙々と配達を続ける大変さを身をもって知っている父にそれがプラスに働いたのは確かだった。

今も誰かがそれぞれの人生を背負って新聞を配っている。昔の父や彼の様に。そこには色々なドラマがあるに違いない。

新聞配達が少し身近になった出来事であった。』

このエッセー・コンテストの二つは「新聞配達」についてのものだが、その反対によくない事を繰り返し行なっていると、それが積り積って、やがてドカッと悪い運命となって出てくるものだ。これは「原因結果の法則」によるから、化学実験で水素と酸素とを反応させるとH_2Oが出来るようなものだ。誰でも「なるほどそうか」と反省したり、教えられたりする。

このようにして、今まで認めなかった「法則」「業《ごう》の法則」、つまり因果律《いんがりつ》でも、次第に認めるようになってくる。しかも「納得《なっとく》する」にはかなりの年月を必要とする。だからこの肉体が終っても、また肉体や肉体に似たような道具を使って、さらに人生を次々と体験し、次第に真実そのものに迫って行き、「法則」が分かりだし、明るい可能性がどんどん開けてくるのである。

だから人生は大きな大きな学校だ。そこで一時ちょっとした失敗をしたからといって、決して「もうだめだ」と思ったり、つまらぬことで腹を立ててはいけない。

他人から注意されても、それは「何かを教えてくれている」と思って、むしろ感謝して、「ありがとう」と素直にお礼を言った方が、魂は、より一層喜んでくれる。他人でもそうだから、親や兄弟姉妹は、もちろん「何かを教えてくれる」大切な先生である。小さい子供で、こっちが向こうより年が上でも、誰もかれも、何もかもが〝先生〟だと思えばよい。何故なら、人はみな「神性・仏性」「山川草木国土悉皆成仏《さんせんそうもくこくどしつかいじょうぶつ》」だからである。

2　困難を恐れるな

困難は味方だ

この世では、色々とむつかしい問題が起こって来る。学校の宿題でも、テストでも、「困《こま》ったな、解《と》けないな、どうしよう……」と思うことがあるだろう。いつでもやさしくて、スラスラと解ける問題ばかり出て来るわけではない。もし「1＋2＝3」とか「2×8＝16」といった問題ばかり出たら、誰《だれ》も苦労はしないが、あまり易《やさ》しすぎて、勉強なんかしないで遊び回るだろう。それでは計算能力という〝力〟がついて来ないから、ちょっと難《むずか》しい掛《か》け算や割り算が出来ないことになる。さらにもっと難しい〝高等数学〟となると、チンプンカンプンである。

そのようにいつも困難《こんなん》をさけて、やさしいことばかりしていると、能力が出て来ないのだ。つまり練習不足や訓練不足のために、折角《せっかく》ある力も、発揮《はっき》できなくなるのである。ちょうど赤《あか》ん坊《ぼう》が一日中眠ってばかりいて、一年たっても二年たっても起きて、動いて、立ち上がって、歩こうとしないようなものである。すると力があっても出て来ないし、知恵もつかず、話もできずに、身体だけ大きくなってしまう。これではいけないから、どの赤ん坊でも、必ず大人の会話を聞いて、一心《いっしん》にコトバを学ぼうとするし、立って歩こうと努力する。

しかし最初は「分からない言葉」ばかりが話されていて、「難しい」のだ。その困難にめげないで、大人のコトバのマネをしたり、想像したりして、難しい言葉を次々に憶《おぼ》えて行く。さらに手足を動かして、そこらあたりを這《は》い回り、立とうとして何回も転んだりして、歩くことを練習し、困難に打ち克《か》つようになるのである。言葉も次第《しだい》におぼえるから、三歳ぐらいになると、ペラペラとしゃべることができる。それは赤ん坊の中に力があるから、訓練するとその力が出るのであって、話す力のない犬や猫には、人間のコトバは話せない。

だから自然に彼らは「話言葉の訓練」はやらないし、誰からもやれとは言われないのである。勿論《もちろん》、数学の勉強のような困難は絶対に出て来ない。

だから困難は〝敵〟ではないのである。それはあなたの中にある力(能力)を引き出してくれる〝味方《みかた》〟なのだ。それ故《ゆえ》困難をさけたり、困難を恐《おそ》れたりしてはいけない。今は「難しい」と思っても、その困難を引《ひ》き金《がね》として、力を出し、努力して行くと、やがて「易《やさ》しい」と思えるようになる。スポーツ選手でも、毎日「難しい練習」を続けているではないか。有名な音楽家でも、毎日何時間もピアノを弾《ひ》いたり、バイオリンを演奏《えんそう》して、〝難《なん》曲《きょく》〟に立ち向かっているから、イザという時にすばらしい音楽を聞かせてくれ、自分たちも「ああ、よかった」と思って、心から悦《よろこ》べるのだ。それにくらべて、困難をさけ、怠《なま》けてばかりいる者は、この人生で本当の悦びを味わうことができずに、何となく生きて死んで行くのである。

困難がやって来た

それは平成七年の一月から二月の始めにかけてだったが、NHKの第一放送を聞いていると、小出《こいで》はる子さんという人が「みのり村」の話をしておられた。そこは社会福祉施設《ふくししせつ》で、知的障害者《ちてきしょうがいしゃ》を援助《えんじょ》する仕事をしている所だ。はる子さんは十九歳の時《とき》結婚し、長男と次女と次男の三人の子供を育てたという。御主人は製材所と建築業をしていて、町会議員や議長にもなり、円満で豊かな暮らしをしていた。夫は彼女に、

「お互いに親孝行しよう」

とおっしゃったそうだから、幸福な家庭だったにちがいない。子供たちにも「勉強せよ」なんて言わなかったそうだ。けれども子供は父母が一所懸命《いっしょけんめい》働いている姿を見ると、自然に勉強するようになったというから、ますますすばらしい。親に言われないでも努力するという所が、人間に良い力があることを示している。

ところがこんな家庭にも〝困難〟が訪《おとず》れた。七年前に、御主人が病気で亡くなったからだ。けれども、どんな困難でも恐れたり、ガッカリしてはいけない。解決のできない困難など、出て来ないからである。何故《なぜ》なら、この人生では全《すべ》てを自分の「心」が作り出すからだ。ちょうど芝居《しばい》の筋書《すじがき》を作るように、自分で人生芝居の筋を作り出し、自分が主役と

なり、色んなことを学習して行くからである。

そんな訳《わけ》ではる子さんは「働こう」と決意した。その時「みのり村」の理事長さんが、この福祉法人《ほうじん》で働かないかと声をかけて下さったので、障害者のお世話をする仕事をやり始めた。はじめは食事指導《しどう》や配膳《はいぜん》の指導をした。しかし精神薄弱者《はくじやくしゃ》の指導となると大変だ。困難なことや、ビックリすることが山ほどあった。

身障者を助けた

例《たと》えばはる子さんは二十七歳の男性の介助《かいじょ》をしたが、彼の名前をA君とすると、A君はまだオムツをしていた。そのオムツの取り替《か》えをしようとすると、A君は奇声《きせい》をあげて、拒絶《きょぜつ》するのだ。そこで理事長さんに手伝ってもらって、やっとオムツを外《はず》したという。

ところがA君は三十分おきに小便《しょうべん》をする。自分で我慢《がまん》できないので、オムツがいる。そこではる子さんは一日中彼のオムツの取りかえをしてクタクタになった。赤ん坊でも大変だが、二十七歳にもなると、小便の量も多いから、さぞ困ったことだろう。しかし「この仕事」に彼女は取り組んだ。

そのうち、便器《べんき》に腰《こし》かけさせることを教えた。しかしこれが又《また》困難な仕事で、A君が反《はん》抗《こう》すると女手《おんなで》ではもてあます。三人か四人がかりで、彼の手や足をもって腰かけさせる〝訓練〟をした。こうして練習や指導を重ねるうちに、やっと便器に腰かけて、大小便をするようになった。これは本人の努力も大変だが、介護者《かいごしゃ》の方も大変である。何回もやっているうちに〝上達《じょうたつ》する〟のは、ピアノの練習と同じだった。

一方《いっぽう》食事の方も、沢山《たくさん》の皿《さら》ではよう食べない。だから薬も食事も全部皆一緒《みないっしょ》くたにして、一つの食器で食べさせる。その上嚙《か》むことができないから、嚙まなくてよいようにドロドロにしたのを、大きなスプーンですくって食べる。静かに坐《すわ》っていることができないから、食事中も動き回り、色んな脚《あし》の恰好《かっこう》をして、身体を動かしながら食べるのだった。

笑えるようになった

そんな状態でいるA君にくらべると、当り前の子供や青少年は、全《まった》く幸せである。食事をすることすら「困難」という人もいるのである。しかしこの困難をのりこえて行こうとしているところが、実にすばらしい。はる子さんは理事長さんの指導の下《もと》に、「六ヵ年計画」でものを嚙む訓練をやりはじめた。

先《ま》ずA君に大きな堅《かた》いものを与えて、口を動かす訓練をした。東京から特別注文《ちゅうもん》の堅いパンを買い求めて、かじる訓練を始めた。先ずはじめにはる子さんがそのパンをかじって見せる。一口《ひとくち》嚙んだら、「かみなさい、かみなさい」というジェスチュアをする。その練習をくりかえして、「嚙むこと」を教えた。手にパンを持たせることも手伝った。こんな練習を根気《こんき》よくやって一年、二年とたった時、少しは自分でパンを持って食べるようになったというから、大変な努力だ。教える方も、教えられる方も、大きな困難に直面して、それを乗り越える努力をした。こうしてA君はやっとパンを嚙むようになった。

さらに野菜や大根を大きく切って嚙ませた。次にマゼ御飯《ごはん》を作ってやろうというので、野菜を切ってまぜると、次第《しだい》に食べはじめた。そしてはる子さんの声掛《こえか》けに反応してくれ、さらには笑顔も出るようになった。するとはる子さんは嬉《うれ》しくてたまらない。二十歳代後半になるまで「笑わない」というよりも「笑えなかった」人が、やっと笑えるようになり、パンが噛めるようになった。このように普通の人なら誰でも出来ることが、出来なくて困っている人もいる。だったら吾々《われわれ》は、パンを食べて、噛めて、笑えることに、どんなに感謝してもいいのではないだろうか。

A君ははじめスリッパもはけなかった。服を着ることも出来ず、全《すべ》てを助けてもらった。それらが段々《だんだん》自分で出来るようになって行った。表情も、はじめは攻撃的《こうげきてき》でとても暗かったし、すぐ腹を立てた。しかし彼女の愛情に反応を示し始め、おとなしくなった。パンを

たべるのも、三年目からは、二十分、四年目からは十分ぐらいと、次第に〝進歩向上〟したのは、すばらしいことである。

無限に進歩する

食事も最初はこぼしてばかりだ。そのために大きなビニール・エプロンをつけさせたが、それを外《はず》して、こぼさないことを自分で練習させて、憶《おぼ》えさせるようにした。失敗をおそれて、手助けばかりしていては、進歩はない。失敗を通して、訓練して行くのだ。困難を恐れてはいけない。失敗を恐れてはダメだということが分かるだろう。箸《はし》でもはじめ〝下握り〟だったのを〝上握《うわにぎ》り〟にさせた。つまりスプーンを持つような向きに変えて行くのだ。さらに箸を使って食物をハサムことを教えた。先ず好きな食品をハサマセルのである。これは凡《あら》ゆる練習や学習に応用できる。好きなことなら、努力しやすいし、好きなら上達《じょうたつ》も速《はや》いからだ。

食事が終ると歩行訓練をする。中々《なかなか》歩こうとしないのを、背中《せなか》を押したり、手を引っぱったりして歩かせた。三百米《メートル》くらいを、三十分かけて歩くようになった。つまり一分間に十米歩けた。それが二年、三年と練習すると、水汲《く》みや灌水《かんすい》もやるようになり、「歩く」という仕事もでき、集団の作業もやれるようになったのである。

A君は今でも話はできないが、最初のころとくらべると、想像もつかないほどの発達ぶりで、表情も明るくなったという話だ。このような重度《じゅうど》の知的障害者でも、まだまだ「力」がかくされている。それを引き出しさえすればよいのだが、それには一見《いっけん》「困難」と見える作業でも、とにかくやり出さなければダメだ。そして根気よく練習し、失敗を恐れず、繰返《くりかえ》しやるのである。そして、やれるようになったら、そのことに感謝し喜ぶのだ。

こうしてさらにやれることの中味《なかみ》をふやして行き、その質を向上させる。どこまで行ってても切りがない。それは当り前のことで、「無限力」があるから、それを出すには無限の時間がかかる。それをあせったり、あきらめたりしてはいけない。他人と比較《ひかく》する必要もない。年齢のことなど気にしなくてもよいのだ。落第《らくだい》でも、失敗でも、「何回以上したらいけない」という規則《きそく》はない。何故《なぜ》なら、無限に生き続け、限りなく向上《こうじょう》し続けるのが「神の子・人間」だからである。

カメラ・ボディビル

昔《むかし》私の書いた『困難に戯《たわむ》れよう』という本があるが、その中に土門拳《どもんけん》という有名な写真家の訓練時代のことが書いてある。（五十一頁より）土門さんは青年時代に、上野のある写真館の下働《したばたら》きをした。すると先《ま》ずふき掃除《そうじ》や、下足番《げそくばん》や水洗いをやらされた。そのうち「報道写真家になりたい！」と思いだしたが、当時はカメラ学校などはないから、どうやってよいか分からない。そこで、自分で本を読み、色々と工夫《くふう》して、カメラ・ボディビルというのをやり出した。というのは、そのころのカメラは皆《みな》大きくて重かった。『（前略）彼はアンゴーという、今なら博物館行きの写真機をもっていたが、六六型の四倍くらいもあるハンド・カメラで、スナップ撮《ど》りの猛《もう》練習をやったのである。アンゴーには百三十五ミリのダゴールF六・八というレンズがついている。こんな暗いレンズで手札型《てふだがた》を撮《と》るのだが、後のピントグラスでのぞいていたのでは、とうてい速写《そくしゃ》はできない。

そこで同氏は「目測《もくそく》」の練習をやり出した。色々研究してみると、七フィートのところに立てば、人物の全身像が写せる、というので、あちこち歩き回っては目標を定め、七フィート離れてピタッと立止《たちど》まる練習を始めた。そんなことばかりやっているうち、到頭《とうとう》いつもピタッと七フィート離れて立止まる能力がついたのである。

次に五フィートとか三フィートの目測の練習をやる。こうしてピント合わせの訓練をしてから、今度はカメラブレをしないように持つ訓練だ。大きくて重いアンゴーを左手だけで確実に操作《そうさ》するためには、どうしても腕力《わんりょく》が必要だ。そこで土門氏は重いカメラをふりまわすボディビルをやり出したのである。やってみると、カメラを直接目の前に持って来るのではなく、一度カメラを上方に持ち上げてから、ストンと目の前に引き寄せると一番カメラが安定することを発見し、その持方《もちかた》の訓練をくり返し行なった。シャッターの押し方も何回もやり、とうとう無意識的にやれるようになった。この練習を毎日、横位置《よこいち》で五百回、縦位置《たていち》で五百回、合計千回を、晩飯《ばんめし》の後にやったのだ。（後略）』

今のカメラは軽くて便利で、困難な練習はいらない――と思うかも知らないが、そんなことでは「実力」がつかない。目測でも、重量あげでもできるようになるまでやる「努力」によって、写真家としての底力《そこぢから》がついた。だから目先《めさき》の困難を恐れてはならない。困難に戯《たわむ》れ、「困難はありがたいのだ」と知らなくてはならないのである。

3 魂は向上する

肉体が人間か

人間は次第《しだい》に進歩向上する。ホントかな、と思うかも知れないが、それでは逆に退歩《たいほ》しているとすると、何となく不安になるだろう。年とともに悪くなるのも困《こま》るし、段々《だんだん》つまらない人間がふえて来て、世の中は乱れるばかり、イジメやインチキやなまけものが増えるとすると、この世の中は次第に地獄に近づくことになる。

「私は、地獄なんか信じない」

という答えも一理《いちり》あるが、大人の人たちの話を聞くと、

「昔はよかった、が今は悪くなった」

と言う人たちもいる。たしかに昔は、道路にカンカラやビニールに入った弁当のたべ残しも捨ててなかった。第一そんな物が作られていなかったし、捨てるほど品物は沢山《たくさん》作られていなかった。一円玉を捨てる小学生など、どこにもいなかったが、当時の一円は大金で、タクシーに乗れたものだ。風呂にだって何回も入りに行けた。

だから世の中の進歩した所を見ないで、悪い所だけを見ていては、正確な判断は難《むずか》しい。ことに肉体や物質の面ばかりを見て言うと、人間は次第に年取るにつれて、元気が出なくなる。力も若い頃ほどは出せなくなるし、走る速さも劣《おと》って来る。しかし、「本当の人間」は肉体という物質ではない。その肉体を使っている主人公の心、つまり魂《たましい》が主人公なのである。

ところが心とか魂と言っても、それは目に見えないし、測定することも出来ないだろう。けれども魂が主人公でなくて、肉体が主人公だとすると、人間は肉体の大きいのと小さいのとで、大変な差がついてしまう。肉体の色が黒いのと、白いのとでも差別が出来る。だから当然、「人間は平等だ」などと言えた話ではなくなるのだ。

しかし、人は皆《みな》、ほとんどの人が、「人間は平等だ」と主張するし、学校の先生方もそう教える。これはやはり人間の心の方を主人公と見て、肉体はその心あるいは魂の使う道具や乗物のようなものだと、心の底で思っている証拠《しょうこ》である。

そしてその魂なるものは、次第に進歩向上して、遂《つい》に〝すばらしい魂〟になる――そう考えた方がよさそうだ。しかし、中には段々ダラクする人もいるのである。悪いことをして、刑務所に入って、それでも牢《ろう》をやぶってどこかへ逃げ出す人もいる。そして又《また》つかまっても、聖書の中にヤスリをいれて、そっと差し入れてもらい、根気よく鉄格子《てつごうし》の窓を切って、逃げだしたという念のいった犯人もいたようである。

きれいな心

けれども、何回も悪いことをしているうちに、そんな行為《こうい》が段々つまらなくなるものである。学校を懶《なま》けて落第《らくだい》ばかりしていても、これではダメダなと気がついて来る。そして次第に、よい事をする心が芽生《めば》えて、やがて年を取って死んでしまう。つまり肉体がダメになる。これはどんな人でも、そうなってしまう。けれども魂が死んだのではない。魂は死なないのである。第一、魂が死んだという証拠がないだろう。何しろ魂は測定されないし、目に見えない存在だから、死んだという証拠は何もない。だから生き続けていると考えるのが当り前なのだ。

昔は、死んだ人の魂が幽霊《ゆうれい》になって出て来たという話が一杯《いっぱい》あった。『源氏物語』の中にも、謡曲《ようきょく》の中にも、沢山書いてある。イギリスの幽霊はやかましい幽霊で、大きな足音を立てたり、にぎやかに馬に乗って出て来るという。私が昔ブラジルに行った時、サルヴァドールという古い港町で、昔《むかし》黒人の奴隷《どれい》を沢山閉じ込めておいた建物が残っていて、そこに入ると時々苦しそうなうめき声が聞こえるという。

「夜、入ってみますか?」

ときくから、おことわりしたことがあった。今はどうなったか知らないが、だいぶ昔の話だ。しかしこうした幽霊さんも、たしかにひっつかまえたという実証《じっしょう》は上がっていないようである。

しかも幽霊さん達は、迷い苦しんでいるようだ。悟《さと》って、たのしく嬉《うれ》しく、「有難《ありがと》う」と言って景気《けいき》よく出て来るという話は、聞いたことがない。つまり魂が高まるにつれて、人は悟ってくるから、「うらめしや」という心がなくなり、進歩し向上し、段々「ありがたい」という仏心に近づくのである。それはこの肉体が一回死んで、その時に悟るのではなく、今回は死んでも、さらに別の世界に生れ変って来て、又《また》死んで、又生れ変る。この繰り返しをやるのが、永い間の〝人生勉強〟である。この間に、次第に魂が色んなことを学んで、「悪いことをしない、よいことをする」という実修《じっしゅう》をするのだ。それが「魂の進歩向上」といわれる現象である。そして次第に「本当の魂」即《すなわ》ち「本当の神性《しんせい》・仏性《ぶっしょう》」を表現するようになって行くのである。

それ故《ゆえ》、「心や魂が向上する」というような「よくなりつつある魂」は、いくらか雲に蔽《おお》われた月のようなもので、本当の月が丸見えではない。だからこんな魂は、現象の魂であって「本当の神性・仏性」なる「魂」や「心」ではない。この本物がすでにあるのが「実相《じっそう》*人間」なのだ。それは全《すべ》ての人々に、すでにあるのだから、今この地上に生まれて来て、まだ幼い子供のように見えていても、その純真《じゅんしん》な心は、本当の心をいくらか現している。だから、そんな子供の作る作品には、とてもよいものがある。たとえば、平成七年十二月十七日の『読売新聞』には「おしっこ」という題の詩がのっていた。

『

宇敷　佳祐

みてみて　きれいでしょ
とうめいだよ
おみずみたいでしょ
もったいないから
ながさないでおこう

（東京都大田区・調布幼稚園５歳）

◇

身も心もきれいだから、おしっこだって、とってもきれいなのです。

（川崎　洋）』

人生学校で学ぶ

五歳の子供が、自分のおしっこを「美しい」と思って、素直に讃美《さんび》しているのだ。心が浄まっていると、全《すべ》てのものが美しさに輝いて見える。そうかと言って、大人の心がにごっているという訳《わけ》でもない。ただもっと違った形で「美しい心」や「良心」などが表現されて来るのだ。次に紹介するのは八十一歳のおばさんの投書だが、平成七年十一月十七日の『産経新聞』にのっていた。

『

山崎きみ枝　81
（東大阪市）

「おばさん、僕《ぼく》を覚えていますか」——道端《みちばた》で突然《とつぜん》、若い男性に声をかけられました。そういえば、どこかで会ったような気がするけれど、分からない。首をかしげる私に「昨年の夏、自転車に乗っていて、歩いていた三つぐらいの女の子にぶつけてケガをさせ、通り合わせたおばさんにしかられた僕です」と、その青年。

そうそう思い出した。「あの時は私も頭にきて、きついことを言ったわね」。確か大学の受験勉強でイライラしていて、気晴《きば》らしに自転車を走らせていての事故だったとか。

「おばさんに怒《おこ》られて、逆に何かスッキリし、大学にもパスしました。この辺を通るたびに、しかられたおばさんに会いたいな、と思っていました」というのです。あの時は、青年の手を握《にぎ》りながら「来年は成人式でしょう。大人の自覚を持ちなさいよ」とか「他人に迷惑をかけるな」など、少々しつこく説教《せっきょう》したことも思い出した。一年後に会った青年は、顔つきも立派《りっぱ》になっていた。その成長ぶりがとてもうれしく、今日はよい日だった。　（元助産婦）』

この叱《しか》られた〝おばさん〟に会いたいなと思い続けて、その目的を達し、お礼を言った青年も、すばらしく進歩した魂である。人は年輩《ねんぱい》の人から叱られたり、文句《もんく》を言われると、とかく反抗《はんこう》したり、二度と会いたくないなどと思い勝ちだが、この青年はちがった。お礼を言いたいと思っていたのだから、彼の失敗は魂を向上させたとも言えるだろう。それを詳《くわ》しく教えてくれたこの投書者も、青年からお礼を言われ、一そう魂が向上したに違いない。だからこうしてわざわざ投書して来られたのであろう。

このようにこの世で出あう事件や人々は、みな何かを教えてくれる〝先生〟のようなものである。だからこの世は「生活学校」とも言われ「人生大学」とも言う。そして年の若い青少年が生徒で、年寄りが先生という訳《わけ》でもない。全ての人が先生であり、又《また》生徒なの

だ。それはこの人生が一回限りではなく、何回も何回も、限りなく生れ変り、死に変り、色々な世界（という学校）に生まれて来るからである。そのような「人生学校」を通して、人は皆「魂を向上させる」のだ。一見《いっけん》ダラクしたように見える人でも、その中で何かを学んでいる。さきにのべた脱獄《だつごく》の専門家のような人でも、根気よく刑務所の鉄格子を切ったものだ。それは一ヵ月も、二ヵ月もかかったろう。中々《なかなか》根気のいる仕事だ。そんな〝根気〟を養うことが出来たとも言える。

だがもう一つ、役に立つ仕事や、立派な作品を作るために、その根気よさを発揮《はっき》するとよい。そんなことを、次の生れ変りの世界（次生《じしょう》）か、又はその後の生れ変りの世界（後生《ごしょう》）で、必ず教えられてやるようになるものである。

いくらでも学習する

だから「人生学校」はすばらしいのであり、人は皆「神の子」で、完全円満だ。死なない生命《いのち》であり、無限力なのだ。ただその実相が、この現象界では現れていない。それを現すことが楽しいいし、又面白《おもしろ》い。そのことに気付いたならば、この「人生学校」は、魂の向上のためにあるのだとハッキリ分かるであろう。

だからあなたは、いいかげんな所で思い上がって、「私ももう大したものだ」などと思わない方がよい。これ以上進歩も向上もない世界なんて、全くつまらないではないか。人生はいくらでも続くが、又いくらでも進歩する。それ故、この「人生学校」あるいは「生活学校」は、次第に高級な〝大学〟に移り変って行く。そんな世界に、ごく自然に、スルスルと生まれて来る。このことが『真理《しんり》の吟唱《ぎんしょう》*』の「〝今〟を完全に生きぬく祈り」の中に、こう書かれている。

『(前略)その一層《いっそう》「高級」な魂の生活学校ともいうべき環境は、今の環境よりも必ずしもラクなどということはないのである。それは、中学が小学よりもラクなというわけではなく、また大学が中学よりもラクなというわけでないのと同じことなのである。しかし一層高級な学科はじっとかみしめれば、低い学科よりも味わい深いものがあるのである。（中略）

私は、今、大いなる神の御智慧《みちえ》に導かれてこの地球世界において、わが魂の進歩のために最《もっと》も適当な〝場〟が与えられているのであるということを確認するのである。それゆえに、その生活環境にどのような複雑な問題が提起《ていき》されてこようとも、私は狼狽《ろうばい》することはないのである。私の今の魂の発達の程度において解決できないような問題は、神は決して今の時点における私に与え給うことはないのであるから、私はどんな問題でも感謝して受け、その問題が、自他ともに幸福で、すべての人々に寄与《きよ》するように解決するための努力をつづけるのである。今、私は神と偕《とも》なる自覚の下《もと》に、まことに平和と幸福と裕《ゆた》かさを享受《きょうじゅ》するのであります。ありがとうございます。』

この「祈りのことば」にあるように、この世では、自分に解決の出来ない問題は、何一つないということは、とても大切なことだ。それは丁度《ちょうど》実力のない者に「オリンピックに出場せよ」とは言われないようなものである。学校の先生も、あなたに〝解《と》けない宿題〟

を出すはずがない。丁度よいかげんの問題を出してくださる。そのとき解けないように見えるのは、時間や日数を制限されるからだ。ところが「人生学校」は無限に続く。だから時間など、いくらでもある。入学試験でも、何回うけてもよいし、どこを受けてもよいのが「原則」である。勝手に時間や年数を限定し、〇〇大学でなくてはダメ——などと思うから無理難題《なんだい》となるのである。

だからすぐれた人は、年をとってからもどんどん大学や大学院に入って勉強しようとする。十八歳でチャイコフスキー国際コンクールで優勝した諏訪内晶子《すわないあきこ》さんというヴァイオリニストは、その後又《また》勉強をはじめた。ニューヨークのジュリアード音楽院に通いながら、コロンビア大学で人文科学を学んだという。さらに彼女は九十一歳のルイス・クラスナー先生を訪問して、大いに感動した。平成八年五月にはこの大学院を修了《しゅうりょう》し、その後アメリカ東部の各州で演奏活動をし、大好評だったというニュースが報道されていたのであった。

＊　実相＝神が創られたままの完全円満な姿。詳しくは、谷口清超著『「生命の實相」はすばらしい』参照。

＊『真理の吟唱』＝生長の家創始者・谷口雅春著、日本教文社刊。

4 大自然の恵み

生かされている

私たちは、大自然の中で生きている。いや、生かされていると言った方がよいだろう。何しろ、生きてゆくためには、食べなくてはならない。何を食べるかというと、動物か植物かだ。水や空気も必要だが、それだけではあまり長生きはできない。ウソと思うなら、水と空気とだけで生きてごらんなさい。

ところが植物も動物も、水も空気も、自然の中の一部である。これらの自然物のおかげで、われわれはこの地上で生きている。何とありがたいことであろうか。さらに太陽が照ってくれる。これも大自然のエネルギーだ。さらに又昼と夜が交互にやってくる。これも太陽系という自然のいとなみの結果である。

ところがこれらの自然界の全ての要素がだんだん変化してきた。植物が伐《き》り倒されたり、燃やされたりして次第《しだい》に少なくなった。そのため森や林の中に住む動物たちが、住みかがなくなり、生きられなくなったものが多い。そこで人間の作った畑などに出てきて、作物をあらす。そして人間に殺されたり、追いはらわれたりして、だんだん減ってゆくのである。

植物は太陽の光をうけて、空気中に酸素を作り出し、炭酸ガスを減らしてくれるが、植物が減ると、空気中の酸素が減り炭酸ガスの割合がふえるから、地球全体がビニール・ハウスのようになって、温暖化してくる。それに化石燃料をもやし、排気ガスを出したりして、ますます地球表面の温度が上昇し気候が変化する。その結果北極や南極近くの氷がとけてくるので、海水の分量がふえ、陸地がへってしまう。河口や島などが、海の中に沈没《ちんぼつ》するから、そこに栄えていた文明社会が消えるのである。

これらはみな、人々が自然の恩恵に感謝せず、自分勝手に植物・動物をいためつけてきた迷い心の結果である。人類の一部の迷いというよりは、多くの人々が、人間の都合《つごう》や便利さばかりを考えて、自然の恩恵に感謝していなかったからであろう。この調子で自然をこわし続けると、折角《せっかく》の美しい緑の地球に、人々や動物・植物は住めなくなるし、人間の子供たちも、少子化してしまう。大気や水の中に、〝環境ホルモン〟がふえてくることも大きな問題である。

ムダとポイ捨て

その一方で人々は大変なムダ遣《づか》いをしているのだ。ことに日本の若者たちに、その傾向が目立ちはじめてきた。食べ残しが多い。弁当くずでも、空《あき》カンでも、中味が残ったままのものが、あちこちに捨《す》ててある。空カンを拾《ひろ》ってみると、半分ぐらいしか飲んでいないのが多い。中には八十%くらい残っているものもある。それらが、田や畑や道ばたに捨ててあって、持ち帰っていない。いたるところにタバコのポイ捨てもある。平成十一年九月二十八日の『産経新聞』には、岡山市の石田まりさん(一九)が、こんな投書をよせておられた。

『オーストラリアの旅から帰ってきた妹に「あっちはキレイだった?」と尋《たず》ねると、「うん、日本は汚《きたな》い」と言う。

私は最初、景色のことを言っているのかと思っていたが、そればかりではなく、ごみをポイ捨てする人がいないため街はキレイだったという。

日本では、確かに平気で道端《みちばた》にごみを捨てる人が多い。たばこ、空き缶、ガムなど、子供だけでなく、大人でも平気で捨てている。

もちろん、ごみ問題に取り組む人は、日本にだって大勢いる。だが、日本では公共の道にごみを捨てても一部自治体を除き罰則《ばっそく》がないので、罪《つみ》の意識を感じることなく捨てているのだろう。妹の訪れた国では、ポイ捨ては罰金をとられるのだそうだ。

日本でも罰金までとは言わないものの、何か全国的な対策を立てなければと思う。そうでもしないとごみが減らないのが寂しい。(大学生)』

ゴミとして捨てられるものの中味も、みな地球の資源から作られている。紙は木で、ポリ袋も石油資源から作られる。しかも石油や石炭は結局昔生きていた動植物などが地中で変化したもので、〝化石燃料〟という。これらの自然界の恩恵を受けながら、それをポイと捨ててそのまま平気で立ち去るという、この無責任の勝手気ままが、やがて人類を滅亡《めつぼう》に追いこむのだ。

それはこの現象界が、「心の法則」つまり「業《ごう》の法則」で支配されているからである。その「法則」を火水（かみ）とも言う。法則は智慧《ちえ》でもあり、その智慧によってわれわれはまもられている。それが神の愛である。法則がなければ、この世はでたらめとなり、何一つ計画が立てられず、いくら働いても、何の収穫もえられなくなるから、生きてゆけない。パンをやくにも、火がつかない。こうして法則がないと何も目的が達せられない。大自然は法則であり、智慧であり、愛であるが、その大自然は、われわれが目や耳で見たり聞いたりしているだけのものではない。完全円満な神の国が実在している。それを「大自然」ともいう「人生学校」なのだ。

地球や太陽や、無数の恒星《こうせい》や惑星《わくせい》の集りである星雲《せいうん》をふくむ宇宙は、実は神の国のごく一部の現れである。その中で生かされ続けているのが、人間であり、山であり、川であり、草木、国土、天体の全てである。しかもその見えている部分だけがアルのではない。見えない所が一杯ある「大宇宙」「神の国」「実相世界」だと知るならば、人が神の子であり、死ななくても仏であり、「山川草木国土悉皆成仏《さんせんそうもくこくどしつかいじょうぶつ》」だとわかるであろう。

未知の世界がある

そのような訳《わけ》で、自然の恵みには限りがない。われわれの肉体は、その自然の恵みによって、こんなによく動き回り、色々の美しいものを見たり、聞いたり、味わったり、さすったりすることが出来るのである。つまり肉体のあらゆる部分は、自然界の材料から作られている。目も耳も鼻も、手も足も、内臓も、ことごとくが自然の恵みによるといってもよい。

しかもそれが生まれる前から、ごく自然に作られる。そして目が二つ出来る。三つとか四つできることはない。手と足が二本ずつできてきて、手は手らしく動き、足は足そっくりになって生まれてくる。これも自然のお恵みであり、その設計図はしっかりと〝遺伝子〟の中に書きこんである。

どんなことが書いてあるかと、色々研究されているが、まだ人間の頭脳ではよく判《わか》らないところが一杯ある。何しろ大宇宙の遠くの方もくわしく分からないが、そうした微粒子《びりゆうし》のこともよく分かってはいない。一口に〝自然〟というが、その奥行きはとても深くて、ボーッとなるくらいだ。そこで人々は「未知」の世界をもっと知りたいというので、色々の研究や思索《しさく》をし、〝面白く楽しい人生学校〟を送るのである。

だからみなさんは「分からない」といって嘆《なげ》いてはいけない。「分からない」ということは、研究に値《あたい》する「スバラシイところがある」ということであり、また見たこともない「神の作品」がアルということである。

だからいのちが永遠だということの分からない人がいても、おかしくはない。この肉体が死んでもいいのちがあるとはこれ如何《いかん》。ナイのではないか、と疑う人がいるかもしれない。私も少年時代は、神も仏もいないと思っていたし、肉体が死んだら何もなくなるのだ、いのちがなくなると思っていた。

しかしそう考えても、自分がいなくなった世界というものが、どうしても考えられないのだ。もし考えられるとすれば、どこかにまだ自分の心がいなくてはいけない。そんなことから、自分がイナイ世界が考えられなくて、大いに悩んでいた。ところが生長の家で、人間生きとおし、本当のいのちは死なないのだと教えられて、やっと「実在界」のすばらしさが分かり、分からない所が一杯あることが分かったのである。

当り前がありがたい

　ところであなたは、自分の手に五本の指がついていることに感謝しているだろうか。目が二つあって、三つ目小僧でなく、四つ目の怪物でもなかったことのお礼を言ったことがあるか。便利さという点からいうと、目が四つぐらいついている方が、後ろや横が見えてよいかもしれない。五本の指ではなくて、七本ぐらいの指だとピアノがよく弾《ひ》けたり、ギターの弦《げん》をもっとうまく押せると思うかもしれない。

　しかし指五本、足二本、目は二つがよろしい。そんな共通の条件でコンクールができ、オリンピックの競走ができるのではないか。だから人間は、自然の智慧で、一応このような共通の〝制服〟を着てこの一生を送ることになったのである。これも自然の恩恵《おんけい》の一つだ。だから指一本でも大切にして、感謝して、傷つけないようにしよう。大相撲の力士さんでも、指一本が故障すると、敗けがつづいてしまうというではないか。

しかし大切にするということは、動かさないで保護しておくということではない。時には動かしたりきたえたりすることによって、より一そう強くなり、健康になるということがいくらでもある。又時によると右手や左手が欠けてしまったという人も、かえってその他の手や足や口を使って、普通の人以上の仕事をやってのけたという人も出てくるのである。

これは人間の中には、「無限力」がかくされているという証拠《しょうこ》にもなる。だから少々欠点があっても、へこたれてはいけない。人間は肉体ではないのだ。肉体という道具を使って自己表現をする「神の子」であり、無限力・無限生命の持ち主である。そのような人は、ちょうど自動車が古くて小さくてガタガタしていても、その車を使って大きな仕事をし、人々のために役立つ人生を送ろうとしている人のようなものである。

そして又この無限力は、まだ地球の中にも、外側の宇宙にも沢山《たくさん》かくされている。「大自然」は「無限力」だからである。そこで時には台風やハリケーンやモンスーンなどで、人家が吹きとばされたり、洪水《こうずい》が起ったりして、災害が発生する。これも自然のお恵みか、と疑うかも知れないが……

感謝する毎日

しかしこれもある意味では人々に色んなことを教えてくれる〝厳《きび》しい先生〟のようなものだ。たとえば樹木でも自然に生《は》えた森だと、針葉樹と広葉樹とは交じり合って生えている地帯が多い。ことに熱帯や亜《あ》熱帯では、それにつたのような植物や根の何本も張り出している植物が生えていて、これらが一緒になって台風やハリケーンの被害をふせいでいてくれる。北方や南方の寒冷地帯には、あまり台風やハリケーンはやって来ない。ところが亜熱帯や温帯地方で、商売に役立つ材木を沢山《たくさん》作ろうと思って、杉や檜《ひのき》のようなものばかり植えると、これらの根は高さに対して小さいから、台風で倒れたりするのだ。こうして人家に被害が及ぶのである。それは自然の植物体系をこわすなよという教訓をしてくれているのである。

では地震などはどうかというと、これも人工的に弱い構造の土地や建物を沢山作ると、あぶないよ、いつ倒れたり崩《くず》れるかもしれないよ、と教えてくれる厳しい先生みたいなものだ。これも人間が自然をバカにして、金銭的な欲望をつのらせ、見栄《みば》えのする安上がりな建物を建てたり、手抜き工事をするものではないよと教えてくれている。

その上台風やハリケーンには、実に計り知れない程のエネルギーがあるから、これらを将来いくらでも使うことができる。風力発電や太陽光発電は次第に普及し実用化されているし、波や潮汐《ちょうせき》の利用も研究され、将来は公害ナシのエネルギーとして大いに活用できる「自然の無限力」である。

さらに又、いざという時、平時では見られなかった愛や力が出ることを示してくれる動物もいる。例えば平成十一年六月二十四日の『産経新聞』には、次のような投書がのせられていた。

『

国松美加　30

（長野県大町市）

六月二十一日の昼ごろ、小学一年生の息子と私は犬の散歩のため、冬場はスキー場の入り口となる車道を歩いていた。私が先頭を歩いていると突然、すぐ後ろにいた犬が駆け出した。

道路わきの草がざざっと大きく揺れ、熊が目に入った。距離はほんの数メートル。「熊だ」と叫《さけ》び、熊と犬のうなり声を背に、息子の手をつかみひたすら走った。

息子は「もう走れない」と、途中で泣き言《ごと》を言《い》ったが、生死にかかわる問題だった。「あきらめるな。ここで止まったら食い殺されるで！」。叱咤（しった）激励している私自身も限界に近かった。

横腹の痛みをこらえて約一・五キロを走り抜き、車に息子を押し込んだ。

小柄な愛犬の安否が気掛かりで、大声で呼んだ。どうか届きますように…。すると、犬はすぐ戻ってきた。けがもなく、元気な姿を見たら、涙が出そうになった。普段はヘビに驚くような犬なのに、飼い主の危険を察知し熊に挑《いど》んだ姿は立派で、私も息子も感動した。なのに何事もなかったような平和な顔をしていた。思わず息子は噴《ふ》き出した。

夏休みが近づいてきた。山を訪れる方は、熊に注意してください。（会社員）』

このように植物や動物や、鉱物さらには水や空気、そしてブラックホールをふくむ大自然の中には、「無限力」がかくされている。もちろん、あなたの中にあるのだということを信じて、これを現しだす感動の日々を送ろうではないか。

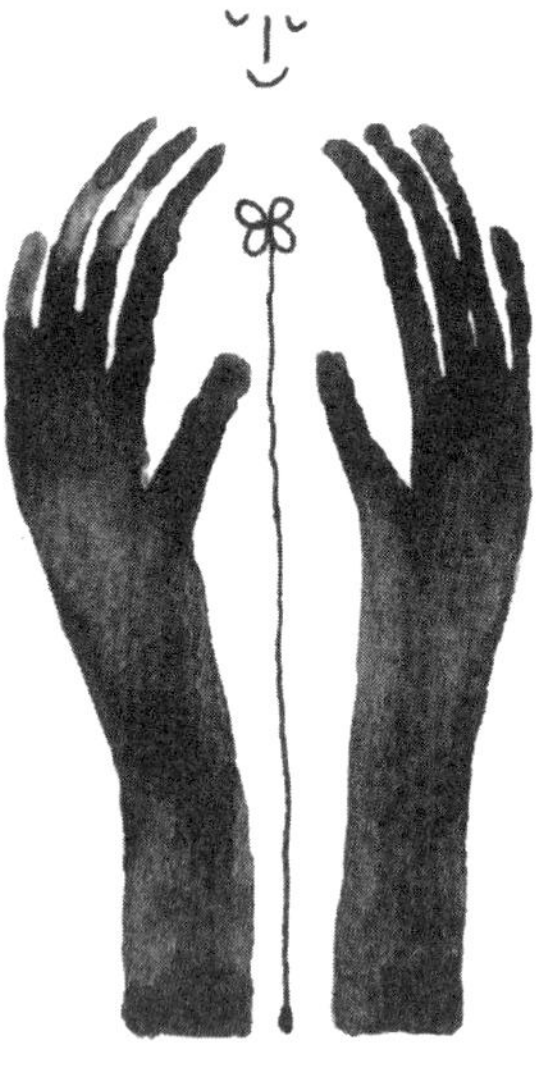

Ⅱ　明るいたのしい人生学校

1　神想観は楽しいよ

脳波が変わる

平成十二年、二十一世紀（?）は「楽しい時代」でなくてはならない。人は楽しく、明るく暮らしていると、健康で、長生きをする。病気や怪我《けが》で苦しむこともなくなる。何よりも大切なことは、「楽しむこと」だが、これは決して楽《らく》をすることではない。一日中ふとんの中でねていても、決して楽しくはないだろう。

私は戦争中肺結核《はいけっかく》にかかり、絶対安静を命ぜられ、陸軍病院と傷痍《しょうい》軍人療養所で、何もしないで暮らしたことがある。身体中、どこも痛くなく、食事も看護婦さんが運んで下げてくれた。やっと読書だけはゆるされて、ラジオも聞けるようになったが、早く起きて歩いたり、仕事したり、楽器を鳴らしたりしてみたくて、たまらなかった。

そんな生活の中で、やっと『生命《せいめい》の實相《じっそう》』*という本を貸してもらい、それからは夢中になって、当時の「地《ち》・水《すい》・火《か》・風《ふう》・空《くう》……」といった巻を何回も読んだ。それは楽しくて、心が浮き浮きする読書だった。

するとその中に「神想観《しんそうかん》」*をしなさいと書いてあった。地の巻の第十六章(四四一頁)には「神想観」の実修法も書いてある。そこでベッドの上に坐《すわ》ってやろうと思ったが、文章だけでは中々《なかなか》難《むずか》しくて、どのようにしてやってよいのか分からないから、最初は本に書いてある良いコトバを念じたり唱《とな》えたりしただけであった。しかし目をつぶって黙想《もくそう》するだけでも、何か楽しくて、生き生きとしてくるのだった。

人はとかく現象の悪い所に引っかかってクヨクヨしがちだが、そんな現象に引っかからず、実在する神の子の完全さのみをみつめるようにしていると、楽しくなる。苦しみや悩みのない世界を観《み》るのだから、内在のいのちが湧《わ》き出るのだ。

例《たと》えば呼吸法だけでも、深く息を吸って、おなかにおとすから、腹式呼吸になる。これは生理学的にも、脳波（α《アルファ》波やβ《ベータ》波、δ《デルタ》波、θ《シータ》波）を調整して、とてもよいということが解明されて来た。たとえ十分でもやるとやらないとは大変なちがいがあり、一〇ヘルツくらいのα波がふえる。第一、このような深い息をしていると、腹が立たないし、ケンカもできない。心配が消えるから、当然たのしくなるのである。

おまかせする

それも毎日、朝と晩と二回やると、すばらしい事が起ってくる。すぐ起るというわけではないが、続けてやっているといつのまにか人生が明るくなり、楽しくなり、よいヒントが次々に出て来るようになる。それ故《ゆえ》、『真理の吟唱《ぎんしょう》』の中には「大道無門《たいどうむもん》・自在無礙《じざいむげ》の祈り」の章にこう書かれている。

『(前略)祈るがよいのである。自我《じが》の観念を棄《す》て去り、ひたすら神と一体ならんことを期し、神想観し、「われ今、わが好悪《こうお》を棄て、私心《ししん》を去り、〝我《が》〟の判断を棄て、心を空《むな》しうして神の導きたまう叡智《えいち》と一体ならんことを期す。神の叡智われに流れ入り給《たま》いて、いま御意《みこころ》の如《ごと》く導きたまうのである」と念じて、しばらく無我無心のまま神と融合する心境でいるのがよいのである。そのとき自然にわが心のうちに思い浮ぶことがあれば、素直にそれに従って実行するがよいのである。毎朝、神想観をするとき、膝《ひざ》の前に手帳と鉛筆とをおいて、心に閃《ひらめ》き来《きた》ることがあらば、直《す》ぐ書き留め置き、直《ただ》ちに実行に移し得《う》るものは直ちに実行に移すがよい。無我従順のところに神があらわれるのである。』

ここには「自我の観念を棄て去り」と書かれている。これはとても大切な点で、人によると、自分の欲しい物や、入学のことや、結婚の相手などを心に強く思うことが「神想観だ」と誤解していることがある。しかしこれらはやはり大部分が「自我の観念」だろう。例えば「○○大学に入る」ということでも、その大学が自分に適した所かどうか、本当には分からない。又学校の方でもあなたを採用したいと思うかどうかも分からない。だから、○○大学と固定して祈るのではなく、最後には神様のみ心に全托するのがよいのである。○○大学でも××大学でも、一番適した所におまかせしますという「神想観」をやると、その結果がどうなるかで、クヨクヨ悩んだり、苦しんだりすることがなくなり、人生がたのしくなるのである。

このたのしい気持で勉強すると、とてもよく頭に入る。いやいやしたら、どんな仕事でもうまく行かないし、何遍《なんべん》も失敗することになる。つまり神想観は、「たのしく神様におまかせする」ことによって、とてもすばらしい、自分でも気がつかなかったような結果をもたらすものだ。

メモと検証

さらにここには、神想観の途中で、思いつくことがあったら、それを紙にかいておいて実行しなさいと教えられている。神想観をしている間は、ただじっと座ってビクとも動いてはいけないなどとは書いてない。目を開けるなとも、鉛筆で字をかくなとも書いてないし、鉛筆で書かなくてはいけないということでもない。そんな〝限定〟はどこにもないのである。

だから急に「電話を掛けなくてはいけなかった！」と気付いたら、すぐ掛けてもよい。電話がすんだら、もうやめた――となるのではなく、続いて神想観をしたらよいのだ。メモを書いた時でも、同じことだ。

「実行に移しうるものは直ちに実行に移すがよい」とあるように、実行できないことを思いついたら、それは実行しなくてよいのだから、何でもメモに書いたことはみな実行しなくてはならないという強制でもない。

時によると人は夢の中で見たり、聞えたりしたことが、すぐ神の教えだとか、神の与えたヒントだなどと思い違えることがあるが、そんな画一的なことを考えてはいけない。夢や思いの中には、自我の欲望が変形して夢となって出てくることがよくある。だから、それを「理性によって検証する」ということは当り前のことである。

だからかつて行われた全日空機のハイジャック事件で、機長さんを殺したような幻想《げんそう》は、神想観をしていて起るようなことはない。いくらジャンボ機でレインボー・ブリッジの下をくぐっても、一体それが何になるのか。いのちがけでやる価値のある行為かどうかは、すぐ分かることだからだ。

それ故続いて『真理の吟唱』の「大道無門・自在無礙の祈り」にはこう書かれている。

『また就寝前《ぜん》、神想観して、「神は自分が眠っているうちに我れに必要なことを教え給いそれが目覚めた時にあらわれる』と念じて、神に全托して眠るがよい。その時枕頭に手帳と鉛筆とを用意して置き、夜間または朝の目覚めの直後思い浮んだことを書き留めて置いて実行するがよい。神よ、この道を示し給うた事に感謝いたします。わたしはそれを実行いたします。』

幼いころからの訓練

何事によらず、新しく何かをやり始めようとする時には、幼いころからやるのがよい。しかもやさしいことから次第に難しいことへと、順序よく練習するのだ。それ故神想観をするのでも、最初は十分や二十分でもよいから、先ずやり始める。場所はどこでもよいし、朝でも昼でも晩でもよい。独《ひと》りでやってもよいし、何人か集まってやってもよい。神想観のテープがあるから、それを聞きながらやってもよいし、独りで静かに（黙って）やってもかまわない。

やり方も、前にのべたように『生命の實相』にはくわしく書いてあるし、『神想観はすばらしい』*の中にも書いてある。椅子《いす》に腰かけてやる方法も、招神歌《かみよびうた》*のふし回しも五線譜にして書いてあるが、その通りにやれないといって嘆《なげ》く必要はない。たのしく、気持よく、練習すればよい。どんな練習をしても、イヤイヤやるのと、たのしんでやるのとでは、天と地の違いが出てくるのである。

しかも若いうちからやるとよいから、赤ちゃんでも父母が傍《かたわ》らにねかせておいてやるとよい。いつの間にか憶《おぼ》えていて、大きくなってからも「やろう」という気になって、人生が神のみ心のようにスムーズに進むのである。危害にあわなくなるし、水害や交通事故にもかからない。赤信号の時は止まって、青信号の時に進むという、当り前のことが当り前に出来るようになる。教室で歩き回って先生の邪魔《じゃま》をしたり、いじめたり、いじめられたりすることがなくなるのだ。

大道《たいどう》にのる

幼いころからやり出すと、何でもたのしく、すぐ上達するが、もっとよいのは、お母さ

んのお腹《なか》の中にいる時からやり出すことだ。音楽でも、お母さんが妊娠している時、おなかの中でよく聞いた子供は、生まれた時から音楽好きになって、三歳ぐらいから天才ぶりを発揮するようになる。母国語がすぐ憶えられて、発音もすぐ上手《じょうず》になるのは、おなかの中から聞いていて、その時から練習して、耳がこえているからだ。

最近の研究でも生まれつき音の聞えない子供でも、なるべく早くから耳の訓練を始めると、音を聞く神経も発達してくるという研究が発表された。今まで、脳や神経細胞は、新しくふえないなどと言われて来たが、それは間違いで、大人になってからも、練習次第で発達するということが分かって来た。だから二〇〇〇年代はバラ色に輝くのだ。ただ明るく、たのしく、神様の世界が完全円満な大道だということが判《わか》れば、その勢いはますます強まるのである。
例えば平成十一年九月十一日の『ジャパンタイムズ』のワシントン発（ロイター）には、こんなことが書いてあった。
『完全に耳の聞えない動物——多分人間も同じ——を訓練すれば聞えるようになる。しかし生まれてごく初期ごろからだと、ドイツの研究者たちは言っている。彼らは言う、幼児達に難しいことを聞かせることがどんなに重要であるかが分かるだろうと。初期の訓練によって、完全な耳の聞えない人をふせぐことが出来ると研究者達は言う。ライナー・クリンケ（Rainer Klinke）というドイツのフランクフルト第三生理学研究所研究員はこう言っている。耳に特殊の物を埋め込んで完全な聾《ろう》の状態にした小猫に、聞く練習をさせることが出来たと（後略）』（クリンケは電話インタヴューで「脳が活性化したのだ」と答えたということである）
これは、耳の脳神経ばかりのことではない。だから訓練はとても大切で、その訓練は、たのしんでやる時に最大の力を発揮する。人生全体の生き方を決定的にする「信仰」がどのようなものになるかを決めるにも、幼少期がよいし、それには家族で「神想観」を毎日たのしく、進んでやることがとても大切だ。すると十歳くらいになると、大した能力が出てくるので、平成十一年九月八日の『読売新聞』にはこんな記事がのっていた。

『【ワシントン7日＝大塚隆一】米国で十歳の少年が六日、異例の飛び級で大学に入学した。七日付の米紙ワシントン・ポストなどによると、この少年はグレゴリー・スミス君。一歳二か月から本の内容をそらんじ、その四か月後には足し算もできるようになった。小学校と中学校は計二年、高校も一年十か月でそれぞれ卒業し、この日、バージニア州のランドルフ・メーコン大に七万ドル《ドル》（約七百七十万円）の奨学金付きで入学した。

製薬会社に勤めていた父親と文化センターを経営していた母親は、一人息子に最良の教育環境を与えるため、仕事を変えたり、引っ越しを繰り返したりしてきたという。

記者会見したグレゴリー君によると、将来の夢は、がんとエイズを治し、「宇宙植民地」を建設して、米国の大統領になること。年上の同級生との交際については、「ぼくのモラルに反しない限り、つき合っていく」と語った。』

この記事でも、グレゴリー君の父母が、とても教育熱心だったことが分かるが、何といっても本人がどんな気持で（ことにたのしく）学習するかが根本であり、それには「神の国」

を心に描き、無限力をもつ自分を、そして神の大道《たいどう》を心に描いて観《み》る「神想観」の練習が、全ての人々の人生必修項目となるのが望ましいのである。最後にもう一度「大道無門・自在無礙の祈り」の中間の所を読んでみよう。

『神は大道であって私たちを縛《しば》るところの窮屈《きゅうくつ》なる道ではないのである。人に応じ、時に応じ、場所に応じて、最も適切なるところに通ずる〝道〟である。この〝道〟に載《の》るとき、私たちは如何《いか》なる場合にも行き詰まるということはないのである。行き詰まるような道は〝大道〟ではないのである。人間の〝我〟の心で造った道であるから途中で行き詰まることになるのである。人間の智慧《ちえ》才覚で、〝これが善であると固く把《つか》んでいる〟ような道は本当の道ではないのである。それは大道ではないのである。では、大道に載るには如何《いか》にすべきであろうか。そのためには〝人間智〟を棄てなければならないのである。〝人間智〟が無くなったところに、神の智慧があらわれるのである。自我を放棄し、自我を超えたとき、あたかも積乱雲の上にまで飛行機が飛翔《ひしょう》すれば、常住の蒼空《あおぞら》の輝きが見えるように神の智慧が輝きはじめるのである。

自我を放棄し、自我を超越し、迷いの積乱雲上に超出する道は如何にすべきであろうか。』

それは「神想観」をやることだと書いてあったではないか。

＊『生命の實相』＝谷口雅春著、全40巻、日本教文社刊。
＊神想観＝生長の家独得の座禅的瞑想法。詳しくは、谷口清超著『神想観はすばらしい』参照。
＊『神想観はすばらしい』＝谷口清超著、日本教文社刊。
＊招神歌＝神想観のはじめに唱える神をよぶ歌。

2　日時計主義とは

日光を記録する

皆さんは、「日時計」というのを見たことがあるだろうか。昔は太陽の光をもとにして、一日の時間を測ったので、今でも公園なんかに作られている所もある。『生命の實相』第七巻の〝生活篇〟には、こう書かれている――

『諸君《しょくん》は「日時計《ひどけい》」というものを見《み》たことがあるであろう。それは一本《いっぽん》の直立《ちょくりつ》せる針《はり》と、時間《じかん》をしるした一枚《いちまい》の盤《ばん》とでその主要部分《しゅようぶぶん》が成《な》り立《た》っている。太陽《たいよう》の光線《こうせん》がその直立《ちょくりつ》せる針《はり》に落《お》ちると、針《はり》は盤面《ばんめん》の目盛《めもり》の上《うえ》に影《かげ》を落《お》として、なん時《じ》だとわかるのである。太陽《たいよう》のない日《ひ》には時間《じかん》がわからないのだ。日時計《ひどけい》の盤面《ばんめん》には、時《とき》にはこんな標語《ひょうご》が書《か》いてある。

“I record none but hours of sunshine.”（われは太陽《たいよう》の輝《かがや》く時刻《じこく》のみを記録《きろく》す）

自分《じぶん》はこの標語《ひょうご》を「日時計主義《ひどけいしゅぎ》」だと言《い》うのである。諸君《しょくん》よ、諸君《しょくん》の家《うち》を「生長《せいちょう》の家《いえ》」にしようと思《おも》われるならば、できるだけ、輝《かがや》く喜《よろこ》びの時刻《じこく》だけを記憶《きおく》し、語《かた》り、思《おも》い出《だ》せ。喜《よろこ》びに言語《げんご》の再現力《さいげんりょく》、言葉《ことば》の創造力《そうぞうりょく》を応用《おうよう》せよ、これが秘訣《ひけつ》だ。

この世界《せかい》の人々《ひとびと》がみんなこの「日時計主義《ひどけいしゅぎ》」に従《したが》って、不快《ふかい》ないっさいの記憶《きおく》を次《つぎ》の瞬間《しゅんかん》から追《お》い出《だ》してしまい、悲《かな》しい連想《れんそう》や、憂鬱《ゆううつ》な暗示《あんじ》を拭《ふ》き去《さ》ってしまうようにするならば、われらのこの世界《せかい》はどんなに愉快《ゆかい》に幸福《こうふく》になれるであろう』

しかし現実の今の世の中では、この日時計主義とは反対に、自分の欠点や、失敗や、人の悪や社会の欠陥ばかりをさがして、これを「よくしよう」と努めている人がとても沢山《たくさん》いるのである。学習する時でも、

「僕は数学がニガテだから、こればかりをやる」

といって、いつも数学に取り組みながら、いやな毎日を送り、教科書を開いては、居眠りばかりしている人もいる。いや遂《つい》に机の前に坐《すわ》るのさえもいやがって、テレビにかじり

ついて、お母さんから、

「まだ勉強しないの！　今年の試験は、また落第点《らくだいてん》だよ！」

と怒鳴《どな》られたりしている〝気の毒な人々〟もいる。何？　ウチがその通りだって？……

つまりこういう人達は、日時計主義に変り、今までの〝真夜中主義〟からいそいで方向転換しなければならない。そうしないと、折角《せっかく》明るい太陽の輝く地球に住んでいて、夜ばかりをさがして、飛行機を乗りついで飛び廻っているようなものである。

では、何故《なぜ》「日時計主義」の方が「真夜中主義」よりもよいのかという説明をしてみよう。

無限能力がある

人間は時々物忘れをするのである。それを人はとかく「頭が悪いからだ」と思うかも知れないが、実はそうでない。頭がよい人でも物忘れをする。それは全ての人にいやな思い、不愉快な記憶は、自然に忘れるという〝忘却能力〟が備《そなわ》っているからだ。そこで前に引用

した雅春《まさはる》先生（谷口雅春大聖師《だいせいし》）の御言葉にあるように、

「不快ないっさいの記憶を次の瞬間から追い出してしまう」

ということができるのである。多くの人は、たのしいことや、うれしい事はよく憶《おぼ》えている。恋人との会話やデートの約束は、よく憶えていて忘れないが、いやな宿題や、面白くない授業は、サッサと忘れてしまう。友達との約束でも、それが嫌《いや》な場合はよく忘れるし、恋人との約束だと、一時間三十五分も前から、そこに行って待っているということになるのである。（年のごく若い人は、この部分は忘れてもよろしい。頭が悪いのではない）

だから、あなたがたとい物忘れをしたとしても、これからは決して、「私の頭が悪いからだ」と思わないことだ。あなたの頭はよいのである。ただよい頭の上に、忘却能力も抜群だというだけであるから、そのすぐれた能力を、これからは時に応じて適当に使うようにするのだ。たとえば車のアクセルとブレーキを適当に使い分けるようにである。

別の例で言うと、剣道の名人は、剣をぬいて人を切るのはよくよくの時で、平生《へいぜい》ほとんど使わないのがすぐれた剣士の心構えであるようなものである。腕力の強い人も、それをヒンパンに使わないように、心の方の調節をやればよいのだが、忘却能力もそんなものである。

さらにもう一つ例をあげると、能力抜群の自動車をもっていても、その能力一杯に使わないで、ノソノソと運転するのが「奥行《おくゆ》かしい」のであり、どんな自動車が買える力があっても、有金《ありがね》全部をハタイて買うより、オンボロ自動車にしとく方が「ゆとりがある」というようなものである。「豊かな人生」とはそんなものだ。

仏壇にそなえた

ではその能力を使うのに、どんな心の調節が必要かというと、嫌な人やキライな科目をなくすことである。そして何をやる時でも、その仕事や勉強のすばらしい点を見つけ（つまり日時計主義で）よい所やすぐれた点に着目して感謝する。前にのべた数学でも、すこしでも解けたら、その「解けた」ところを大いに喜ぶ。そのすばらしい解答ぶりに満足して、解けなかった所ばかり数えてショゲカエルのをやめることである。そして、

「自分には数学をとく力がある！」

と、心にしっかりと言いきかせ、さらに次の解けなかった問題にアタックすると、必ず段々とけるようになる。こうして「成功」に目をむけ「失敗」を心にきざみこむことをやめることだ。

　こんな生き方をした神田節代さん（津山市高野本郷）という人の話を、以前『白鳩』誌に紹介したが*、息子さんの禎之《さだゆき》君はもと特殊学級に行けといわれたくらい成績がよくなかった。ところがお母さんもお父さんも彼の美点ばかりを見て、欠点なんか見なかった。「神の子」の本質ばかりに目を向けて、よいことがあるとどんどんほめた。ところが禎之君の成績はよくなかった。十点とか三十点をとってくると、それでも、

「よくやった。出来てる所は、皆できている」

と言って、答案を仏壇にそなえて拝《おが》んでくれたものだ。するとある日禎之君はこんなことを言った。

「ボクの友達は、〝八十点とってきても、百点でないと家でお母さんに叱《しか》られるけど、サーチャンは三十点でも、お母さんは叱らんのか〟、ときいたんだよ」

　つまり、日時計主義と真夜中主義や夕暮思想とのちがいである。こうしてサーチャンが、

遂にはどんどん勉強をはじめ、部活もやるし学業成績もよくなり、先生からも、

「責任感の強いすばらしい子です。こんな素晴しい息子さんはありません」

とほめられるようになったという話である。

自分でやる

こんな話をすると、ハハァ、うちの母ちゃんも、こうなってくれるといいな、と思うかもしれない。そうじゃないのだ。自分が日時計主義になればよい。つまりお父さんや、お母さんのよい所を見るのだ。そこに感謝して、お礼をいう。少くとも元気よく、いつも返事ぐらいして、ニコニコするのだ。兄弟姉妹のよい所もみる。それに第一、日本に生れて、日本人として、とても便利で飢えもせず、快適な毎日を送っているなんて、実にすばらしいことではないだろうか。

平成二年一月九日のジャパン・タイムスにも書いてあったが、ソ連のヤロスラヴル市では労働者がハンガーストライキをはじめたというのだ。何故かというと、日本のビデオの

機械が輸入されても、さっぱり手に入らない。えらい人ばっかりの手に入り、吾々には手がとどかない。いくら行列しても買えないから、ハンガーストライキをやるといってやり出したのである。（ソ連邦が消え、ロシアとなってからは、よくなった）

そんな国や、飢饉《ききん》で困《こま》る国、共産党の独裁をやっとやめさせた国とか、まだ押えつけられて不自由な国が色々沢山《たくさん》ある。それにくらべたら、きっとありがたい所はいくらでも見つけられるにちがいない。それを数え立て、ノートに書きとめたら、毎日の生活がとても明るくなり、生々《いきいき》として活力がわいてくる。すると必ず、色々な能力が次々にわき上ってきて、今まで出来ないと思っていたことが、どんどん出来るようになり、仕事もできるし、健康もよくなるのである。

運がよくなる

日時計主義というと、社会主義や民主主義のような一種のイデオロギーと思うかもしれないが、実はこれは「生長の家」の明るい一端を表現する言葉である。その根本は、人間の実相が死なない、生き通しであり、無限力があるというところから出発している。

だから単に、「明るくらそうや」とか「いやなことは忘れてしまえ」というだけのことではない。たしかにそれもあるが、もっと深い根っこがある。それが「人間・神の子」ということであり、「神の子・人間・無限力」ということなのである。

この根本が分ると、自然に明るくなるし、自分や他人の失敗が気にならなくなる。今日がだめなら、明日があるさ、ということにもなる。ある学校をすべっても、別のもっとよい学校があることも分ってくるのである。リストラがあっても、さらによくなるのだ。

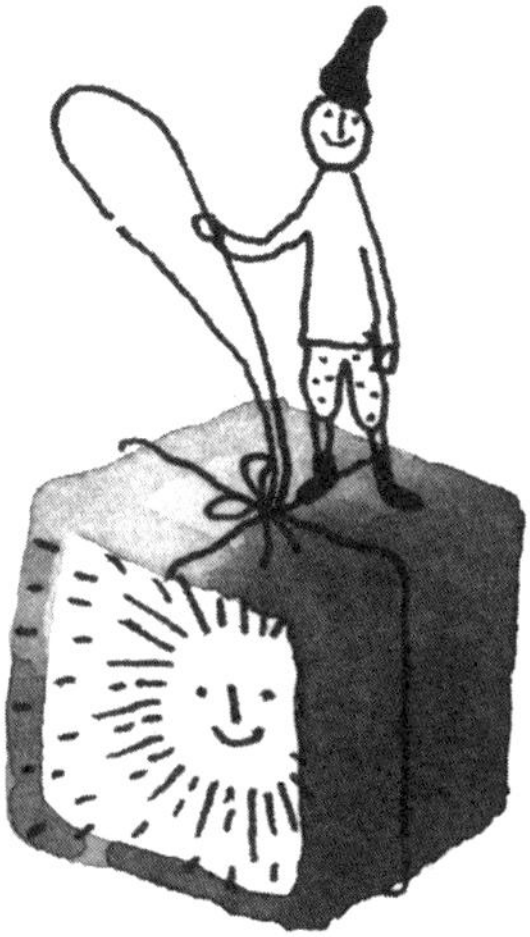

人はとにかく目先のことにあまりにも引っかかりすぎる。だからある友達と別れたら、もう友達はできないのかしら――と思いこむ。そんなことはない。世界中の人々が、皆友達だ。先ずこっちがそう思うと、向うもそう思ってくれる。その人がすぐそう思わなくても、あなたがそんな明るい心でくらしていると、きっとあなたと親しくなりたい人が出てくるものである。

人ばかりではない。物でも、お金でも、あなたを求めて、とびついて来る、離れたがらない。全ての時間が光り輝き、全ての者があなたを歓迎する。人はその心の通りのものを、周囲に引きよせる。だから、明るい心の「日時計」をぶら下げて生きている人の運命は、必ずよくなるのである。

たとえどんな自動車にのっても、飛行機に乗っても、運のよい安全な車や飛行機に乗るようになる。

「いや、運がわるかったらしく、ブツカッちゃったよ」

という人は、まだそんな心がどこかにあったから、その心があらわれたのだ。あらわれたらもうあとは消える。電池を使い切ったらもう灯がともらないだろう。そのようにいや

な心が形になって現れたら、もうないのである。だから、

「これで、益々《ますます》よくなるばかりだ」

と思うことだ。これが日時計主義である。

広々とした心

日本も昔は大戦争をして、大いに敗け、食うや食わずの生活をしたものである。だから、日本の戦争欲求エネルギーは、今はもうなくなってしまって、世界中で一番平和を求める国になってしまった。ドロボーも少いし、仕事を熱心にやるし、勉強もかなり熱心にやっている。昔は、勉強したいと思っても、むりやり戦場に送り出されたが、今はそんなこともない。食べる米もなかったのに、今はありあまって、ウマイとかマズイとか、魚はいやとか、野菜はダメとか、好き放題を言っている。

しかしこれは日時計主義ではなく、夕暮思想である。野菜のキライな人は、野菜のよさを見落している。それが人々の健康にどんなに役立つかをすっかり忘れている。イモのしっ

ぽのようなモシャモシャした繊維質は、身体に必要なのである。固いものをポリポリ食べるから、歯が丈夫《じょうぶ》になるのだ。

歯が丈夫だから胃も腸も丈夫になる。それをやわらかいものばかり食べ、甘《あま》いものばかり飲んでいると、その時はちょっとおいしくても、やがてフニャフニャのヒョロヒョロ人間になり、すぐ病気になりやすくなるのである。

だから、出される食事は、皆感謝して、たべるとよい。日本産の白米でなくてはダメ、などというのも、少し我儘《わがまま》であろう。ヒトにノートを見せてやらない、問題や宿題を教えてやらない。自分のものは、ケシゴム一つでも、人にかしてやらない——という小学生がいたら、皆さんは好きになれるだろうか。そんな〝狭い心〟ではだめだ。こんな小学生がそのまま大人になって政治をしたら、日本は世界中の国々から排斥《はいせき》され、豊かさも、安全さも、文化も文明も、皆失われてしまうことになるのである。

明るい心とは、決して狭い心ではない。神様の心のような愛ふかく、与える心、そして素直に受けとって、お礼を言い、ニッコリと感謝の言葉を口に出す、広々とした心を言うのである。

だから本当の「日時計」は、まさに神の胸の中にスッポリと安置されているということを知らなくてはいけない。本当の日時計を見たかったら、先ず神を求めよ、という外《ほか》はないのである。

＊……『白鳩』誌に紹介した＝『あなたは輝く』（谷口清超著、日本教文社刊。現在品切れ中）の一五三頁〜一五九頁に収録。『白鳩』誌は、生長の家の婦人向け月刊誌。

3 言葉の力は強力だ

言葉が物を作り出す

キリスト教の「創世記」の第一章に、「神光あれと言いたまいければ光ありき」と書かれている。そして神のコトバによって次々と天地が創造されて行くのである。だから神はコトバであるということになる。次いで「ヨハネ伝」の第一章には、『太初《はじめ》に言《ことば》あり、言《ことば》は神と偕《とも》にあり、言《ことば》は神なりき。この言《ことば》は太初《はじめ》に神とともに在《あ》り、万《よろず》の物これに由《よ》りて成り、成りたる物に一つとして之《これ》によらで成りたるはなし』と明記されている。そしてこの創造神の造られた物（生物を含む）は完全であり、それ以外の不完成な物は何一つないのが本当の世界である。

このコトバは、単に人の肉体から出てくる声ではない。それ以前の実在界（実相世界）のコトバであるから、このコトバで造られた「神の国」は完全円満だ。病気も不幸も苦しみもない〝極楽世界《ごくらくせかい》〟であり、仏教的にいうと「仏《ほとけ》の国」である。ところが人々はこの実相をみとめていないで、物質の世界ばかりをアルと思っている。この幻《まぼろし》や夢の世界を仮に作り出して、遊びたわむれ、時には悩み苦しんでいる。何によって作り出すかというと、やはり言葉によって作り出す。それはちょうど、芝居や演劇が、作者の言葉で書いた筋書きが上演されるようなものである。

この仮舞台の世界を「現象界」というが、それを吾々《われわれ》の言葉が作るのである。それを解《わか》りやすく別の例でいうと、あなたがレストランへ入って注文するのと同じだ。

「おすしをもってきて下さい」

というとすしが出てくる。

「うどんがいい」

というと、うどんが出てくる。つまり言葉の通りのものが出て来たのだ。このようにして現象界という現実世界は、言葉のように現れてくる。ちょうど神の国が、神のコトバで造られたように、この世もまたあの世も、人の言葉で作られて行くのだから、〝言葉の力〟は実にすばらしいと言う外《ほか》はない。

似たものが出てくる

しかも言葉は、声でも言えるが、文字にも書ける。表情でも、サインでも、お辞儀《じぎ》でも、握手《あくしゅ》でも、時にはしかめ面《つら》や暴力でも、人に伝えられるコトバだ。近ごろはナイフで人を刺《さ》したという事件まであるが、ナイフを持ち歩くのでも、

「オレは誰《だれ》かに傷つけられそうだ。だから、そいつをやっつけるかも知れない」

という言葉の具体化した形である。言葉が形にあらわれた。お母さんがあなたの誕生日に、おはぎをつくって下さったとしたら、それはお母さんの「おめでとう、いつまでも元気でいてね」という言葉の印《しるし》である。

こうした言葉は実に沢山《たくさん》あって、一日のうちに使う言葉には限りがない。うれしいとい

う言葉よりも、つまらないという言葉やそれに似《に》た暗い言葉を使ったり、心の中で思ったりしていると、「つまらない、いやなこと」が、ぞくぞくと出てくる。それはちょうどレストランで、

「お待《ま》ち遠《どお》さま、ご注文の品が出来ました」

といって持って来てくれるようなものだ。同じ注文をすると、いくらでも出てくる。次第に沢山、大きないやなことがでて来て、病気や、怪我《けが》や、失敗や、落第《らくだい》……ということになるから、いいかげんで「明るい言葉」に切りかえなくてはならない。

その切り換えは、別に難しくはない。

「ありがたい、うれしい、きっとよくなる」

というような言葉を沢山言うようにしたらよい。誰かがあなたに道をゆずってくれたら、「ありがとう」というのだ。だまっているといけない。言葉は何か表現しないと、その力がほとんどなくなってしまう。頭を下げるとか、ニコッと笑うとかするのも、まあいいだろう。近ごろは何もしないで、ブスッとしている人が多くなった。困《こま》ったことである。友人同士でもあいさつや、会話がとても大切だ。家族の間では一そう大切なのに、朝おきても

ブスーッとしている。学校へ行くときも、いつの間にかスルッといなくなる――というのでは、明るい言葉が不足するから、色々と暗い、いやな出来事が出てくるのだ。

「ボクは病気になりたいと言ったわけじゃないよ」

というかも知れないが、この世には「心の法則」というのがあって、似《に》たものが出てくるのだ。

「あいつをおどかしてやろう」

というときは、色々お化けの恰好《かっこう》をしてみせることがある。そのように、変化してみせるのが人生芝居だから、「暗い心」でいると、病気や不幸が、気をきかせてやってくる。暗くなって黙《だま》りこくっていると、仲間外《はず》れになるだろう。いじめだって出る。これも似たような物が出てくる「心の法則」であり、「親和《しんわ》の法則」ともいうのだ。

それに反して、明るい言葉で、明るい挨拶《あいさつ》や、笑顔や気持のよい冗談《じょうだん》がいえるような人は、たくさん友達が出来て、たのしい毎日が続く。勉強も「いやだな」と思いながらやると、うまく憶《おぼ》えられない。だから「たのしいぞ、うれしいな」と思ったり、言ったりしながらやると、どんどん力がつき、やがて優等生ということになる。仕事も成功する。そんな大きな力が言葉にはあるのだと知らなくてはならない。

温かい言葉

前にも言ったように、人はみな「神の子」である。つまり神が全ての物（人を含む）をつくられたから、人はみな神の子で完全ないのちだ。それを「良心《りょうしん》」といったり「仏心《ぶっしん》」といったりする。だから、誰でも深切《しんせつ》をしたいし、よいことをしたい。それならその心を言葉にして口に出したり、行動にあらわしたらよい。それを練習したら、みなすばらしい人になってきて、とても幸せになること間違いなしだ。例えば平成十年一月十九日の『朝日新聞』には村澤和嘉子さんのこんな投書がのっていた。

『坂の多い横浜に引っ越して来て一年半、初めての雪が降りました。積もった雪のため、家から駅に続く坂は、人も車も余程《よほど》注意しなくては事故につながりそうです。新聞配達の方はさぞ、この雪で大変だろうと思い、感謝の言葉を書いたメモに「温かい飲み物でもどうぞ」と、ビール券を添えて新聞受けに張っておいたところ、翌日、朝刊と共に封書での返事が届きました。

内容は「新聞配達員にとって温かい言葉が何よりの励みになります。凍結した滑りやすい路面でのつらい配達でしたが、おかげ様で残りの配達を気持ちよく出来ました。ビール券は、この仕事をしている以上、当然のことをしているのですので、頂くわけにはいきません」というものでした。

私は、胸をガツンとやられた感じになりました。感謝の気持ちを、すぐ物で表そうとしていた自分が恥《は》ずかしく、また「ありがとう」の気持ちを素直に表現することの大切さを改めて知りました。いつの間にか世慣《よな》れてしまった自分に気づかされると共に、とても温かく、優しい気持ちになれた雪の日でした。』

このように、感謝の気持を物で表すよりも、言葉だけの方がよいこともある。若い青少年たちは、お金や物が足らないかも知れないが、言葉ならいくらでも使える。ありがとうの言葉こそ「神の力」の現れだ。いくら使っても、なくなることも、ちびることもない。ただ素直に一言つけ加えるだけでもよい。さらにこの投書の近くにもう一通、八歳の小学生の古張彩菜さんのこんな投書もあった。

大好きな先生ゴミ拾い

『私は校長先生が大好きです。まい朝、自転車で登校班をむかえに来て、いっしょに後ろから、歩いて来てくれます。

そのとき、ゴミが落ちていると、持ってきたビニールぶくろに、ひろって入れます。

先生の自転車のかごにはいつもゴミぶくろとゴミをはさむ道具が入っています。だから、先生が通った道は、とてもきれいです。

でも、下校するときは、もうゴミがたくさんすてられています。せっかく先生がひろってくれたのに、とってもざんねんです。私はぜったいゴミは道路にすてたりしません。先生の自転車のかごが、空っぽになるといいです。』

これは校長先生の毎日の行動が、小学生たちをはげまし、「よいことをしましょう」と教えてくれている。その「よい言葉の種子」が必ずふえて行くことの約束ができたようなものだ。この世は「種まきの人生」だから、よい言葉やよい行いがすぐ実るわけではない。長い間かかって、やっと芽を吹いてくる例はいくらでもある。その間、大切によい言葉を使い、それを形や行いに、どんどんあらわす努力をして行くことがとても大切である。ほんの一言の挨拶《あいさつ》が、相手にどんなよろこびを与え、はげましになるか分からない。その善い行いは、必ずいつか、あなたの宝物として、あなたにも返ってくる。これもまた言葉の力であり「業《ごう》の法則」という「心の法則」である。平成十年三月十一日の『読売新聞』には、こんな投書がのっていた。

主婦　城田　幸子　28
（前橋市）

『私は妊娠八か月です。先日、夕食の買い物の帰り道、高校生ぐらいの男の子が数人、自転車で連《つら》なって私の横を通り過ぎようとしました。わざとぶつかってこられたり、何かされたら嫌《いや》だなと思い、下を向いて歩いていると、そのうちの一人が「頑張《がんば》って、いい子を産んでね」と私に声を掛けて通り過ぎていきました。突然のことで、びっくりして返事が出来ませんでした。

若者による物騒《ぶっそう》な事件が連日のように起こり、子供を産み育てることに不安になっていた私には、とても心強い一言《ひとこと》でした。

私からもその男の子に一言。「どうもありがとう。頑張っていい子を産んで、一生懸命育てるからね」』

金大中氏事件

このように、明るい言葉は、確実に明るい社会を作り、きれいで美しい日本の国を作って行く。ところがとかく新聞やラジオ、テレビでは暗いニュースや人殺しやワイロ、セッタイ、ウソツキの実例がとても沢山《たくさん》出る。しかしこれは今の社会の全ての出来事を告げているのではない。当り前にいいことをしている人は沢山いる。そのいいことを、もっと多くの人々に知らせ、勇気づけ、はげますことを、多くの人々が心を合わせて行わなければならないのが二十世紀末の今だ。そのためには、「生長の家」の月刊誌や機関誌のような「明るいコトバの雑誌」を、もっとふやして行こう。あなたの読んだ一冊を、どこかの新聞受けに入れておいてもよい。ちょっと、何か一言メモでも書くと、もっとよい。明るい挨拶や良い言葉は、いつか必ず芽《め》をふいて来るのである。

さておしまいになったが、韓国で大統領に選挙された金大中《キムデジュン》氏が、まだ日本のホテルで滞在していた時、朴政権のKCIAから拉致《らち》された事件があった。その金大中氏がまさに殺されそうになった時の事を、一九九四年五月にワシントン市内のホテルで同大統領にインタビューした「読売新聞」社の斎藤彰外報部長が、平成十年の三月十日号にこう書いておられたので、その一部を紹介しよう。

『(前略)インタビューで金大中氏は、意外な新事実を打ち明けてくれた。

「私はホテルから拉致された後、船で日本海に連れ去られ、海中に投げ込まれようとしたが、その直前、日本の自衛隊機が上空に飛来《ひらい》、殺害しないよう警告したため命を取り留《と》めた。この事実は、日本の国民はそろそろ知らされるべきである……」

その上で改めて「日本には感謝している」と言葉をつないだ。

今回の会見でも、金大中氏は、日本が、経済危機に直面している韓国に支援の手を差しのべていることに対して、率直《そっちょく》に感謝の意を表明した。

思うに、過去歴代の韓国大統領の中で、彼ほど日本に思いを寄せ、日本との関係改善に真剣に取り組もうとする情熱あふれる政治指導者がいただろうか。(後略)』

これは自衛隊機の「殺さないように」という言葉の力で、隣国大統領のいのちが救われたすばらしい事実の発表だ。私は金大中氏夫人の李姫鎬《リーヒーホー》さんの『勇気ある女《ひと》』という著書も読んだが、この飛行機がどこの国のものかは書いてなかったが、被害者本人が自衛隊機とおっしゃったというから、日本の自衛隊はすばらしい人命救助をしたのである。さらに又金大中氏はこの飛行機の来る寸前《すんぜん》に、長い板に縄で縛りつけられ、両腕と脚《あし》には三〇キロから四〇キロの重しをつけ、猿ぐつわをかまされていたが、

『イエスが夫の前に現われたと言うのだ。夫はイエスの袖《そで》をつかんで、「私は国と国民のためにしなければいけないことを残しているから、どうか助けてください」と哀願《あいがん》したのだ

そうだ。そのとき、目隠しの上からも感じとれるほどの光と轟音《ごうおん》がすると、拉致犯たちが「飛行機だ！」と叫びながら船室を出たり入ったり、ひと騒動したそうだ。それから急に船は全速力で動き始め、夫は縄を解《と》いてもらった』

と李姫鎬夫人は書いておられる。金大中ご夫妻は以前から熱心なキリスト教信者であったことは、特に記憶しておかなくてはならない点であろう。「人生学校」には様々な教材がみちあふれているから、すばらしいのである。

4　一番大切なもの

何をどうすべきか

　昔私がひげを剃《そ》りながら朝のＮＨＫのラジオを聞いていると、こんな投書を放送していた。六十歳ぐらいの男性の投書だが、ある日バスに乗ると、満員で通路に立っていた。高校の生徒なども乗っていて、腰掛けている。彼が立っているすぐ脇《わき》に、女子高校生が一人座っていて、その隣の席にカバンを置いているから、座れない。立っている人がいるのに、知らん顔をしているので、割り切れない気持ちで目的地まで乗っていた、というのである。一体こんな身勝手な教育をしているのか、とこの人は憤慨《ふんがい》しているようであった。

こうした光景は時々見かけるが、大抵《たいてい》は大人がやっている。そういうときは、頼むと荷物をよけてくれるが、高校生でもこんなことをやるものもいる。こんなことは、外国ではあり得ないことだ。なぜ日本にだけ有り得るのか。これは大人が「教えていない」からであろう。「人が混《こ》んでいる時は、荷物を座席に置かない」という、ごく簡単で明白なことを。

しかもその奥には、「人が迷惑しないようにする」という社会道徳があるし、さらに進んで「年寄りや体の不自由な人に席を譲《ゆず》ろう」という、ごく当たり前なモラルがある。これをさっぱり教育されていない人が、まだ沢山《たくさん》残っているのが、我が愛する日本国だということである。こんなことではとても〝文化国家〟などと言えたものではないだろう。平成五年二月十四日のジャパンタイムズには、次のような留学生（Selma Sabanovic）の一文（英文）があった。

『朝のラッシュアワーに私がバスに乗っていると、私の前に立っている男の人が震《ふる》え出した。立っているのが苦しそうなのがすぐ分かった。私の周《まわ》りにいた沢山の日本人生徒もそれを見ていたが、助けてあげようともせず、彼を無視していた。高校の女子生徒の一群は、なんと笑い出したのだ。だれも構うものがいないので、私は彼に席を譲ってあげた。彼は救われたように弱々しく、サンキューといった。私は困《こま》っている人を助けただけではなく、自分をとても気持ちよく思うことが出来た。

日本人はもっと思いやりがなくてはいけない。エチケットを学校で教える必要があるとも思う。人は特別にトレイニングをしなくても、他人のことを思いやったら、正しい行動が取れるはずだ。自分がしてもらいたいように、人にもしてあげよう。日本人は年上の人に、もっと敬意を払うべきだ。それがアジア社会の基礎のひとつではないだろうか』

隣人を愛す

ここにも書いてあるように、「自分がしてもらいたいように、人にもしてあげよう」という心はとても大切で、聖書の『おのれの如《ごと》く、なんじの隣を愛すべし』(マタイ伝二十二の三十九)の実行項目である。ところが彼らは「己《おのれ》の如く、おのれの〝荷物〟を愛すべし」を実行するのだ。つまり利己主義者であり、自分のことや持物しか眼中にないのかと疑わせる。

人が、

「ここへ座らせて下さい」

とでも言わなければ、自発的にはなにもやらない。こんなことではいけないのだということを教え、伝え、かつ多少の訓練をするしかないのではないか。それが欠けていて、「勉強がよくできる」ことにばかり夢中になって、何が教育であるかと問いたいところである。

もっとも中には彼らを弁護して、こう言うかも知れない。

「それは生徒が臆病《おくびょう》だからである。相手が立っているのが好きなのかも知れないし、他の生徒が席を譲らないのに、自分だけそんなことをすると偽善者《ぎぜんしゃ》のようで、目立っていけない。他の人と同じようにしているのが無難《ぶなん》だと思っているのだろう」と。

それならば、「青年よ、勇気をもて」と励《はげ》まさなくてはならない。他の人と〝同じこと〟をするぐらいなら、「おまえさんは生まれて来なくてもよかった」ということになるだろう。人には一人一人の個性があり、その人でなくては出来ない使命があるのだ。「あなた一人が欠けたら、完全な神の国が崩壊《ほうかい》する」と言わなければならないくらいである。だから、よいことをやるのに何の躊躇《ちゅうちょ》もいらず、遠慮《えんりょ》もいらないのだ。そのことを小さいときから

いけない。物質主義で、肉体が死んだらもうそれで終わりというのでは、何の勇気も力も悦《よろこ》びも出てくるものではない。だから本当の明るい勇気は、正しい信仰からという外《ほか》はないのである。

もっとも美登里さんは兵庫県でもジュニアの活動をしていたが、その時は友達と別れて九州に来るのがとても嫌《いや》だった。しかしある日ふと思ったのは、「宮崎へ行くのはわたしの使命かも知れない」ということだった。〝使命〟というとちょっと大袈裟《おおげさ》かも知れないが、それが今の自分の行くべき正しい、そして一番ふさわしい道だというふうに考えてもよいだろう。この人生はすべて「大きな学校」のようなものだ。そこでいろいろな経験を積んで、「学習する」のである。そして本当の神の子・人間を正しく、深く体得し、神の子の愛や知恵を現わし出して行くのである。

そう考えついたことが素晴らしいのであって、まさに「使命がある」ということになる。だから彼女は悦んで父母とともに宮崎に移って来た。そしてここで何をしたらよいかを考え、「ジュニア友の会」をやり出した。そして三年間やってきて、その間に色々な友達ができた。移住する前は、まるで独りぼっちになるような気がしたが、決してそんなことはない。これが分かるのも、正しい信仰のお蔭である。

多くの人に知らせたい

こうして宮崎に来てからの美登里さんは生き生きと活動し、ジュニア友の会と小学生との合同の会合をたくさん持つことが出来た。最初はだれもジュニアの活動をしていなかったのだが、やがて十五名ぐらいの人が集まるようになった。もっともっと増やしたいと、明るく活発に、勇敢に活動している高校生で、生高連＊の事務局長の役を引き受けていた。

さて彼女は平成四年の十月ごろから、日曜日には宮崎市の総合体育館の前で、朝早くから『甘露《かんろ》の法雨《ほうう》』＊の読誦《とくじゅ》をやり出した。それはその年の講習会＊が久しぶりで市の体育館で行われることになったので、この会場を浄化《じょうか》したいという気持ちと、一人でも多くの人に生長の家の真理を聞いてほしいと思ったからである。だから彼女はたくさんの人がこの会場に来ておられる事を心に描きながら、聖経《せいきょう》＊を読誦したのである。

しかし朝が早いので、なかなか友達が来てくれない日もあった。だから何回かは彼女一人の時もあったが、それでもやり続けた。時には「面倒《めんどう》だな」と思うこともあったが、それでもやり通した。十二月から一月になると少し休んだこともあった。しかし二月十七日が講習会の当日だから、一月末になると本部*からも講師の先生が来られて、「祈りの力」について話してくださったので、次の日曜日には三人で体育館前で『甘露の法雨』を読誦した。

するとこの体育館の警備の人が出て来て、

「寒いのに、ご苦労さん」

といって、わざわざコーヒーを御馳走《ごちそう》して下さった。そして彼女に向かって、

「あなたはよく来ているよね、偉《えら》いね」

と讃《ほ》めてくれたのである。そのあたたかい言葉を聞いて、美登里さんはとても嬉《うれ》しかった。というのは、それまで彼女はこの体育館に出入りする人や、このあたりを通る人々のことがとても気になっていた。しかしこの人のように、温かい目で見ていて下さる人がいることを知って、とても勇気が出たのである。それは生長の家を知らない人も、みな「神の子だ」ということの証《あか》しのように思えたからである。だからますます勇気がでるし、活動が楽しくなる。そして自分自身の心が開けて来るのであった。

そんな事から彼女はそれ以来毎週青年会員*と共に『甘露の法雨』の読誦をすることができた。こうして二月十七日の講習会当日を迎えたが、その日は水曜日で、青年たちにとっては日曜日より不利と見られたが、それでも昨年度の日曜日の講習会の時より一名多い数の参加者を出したのであった。

心に太陽を

この例のように信仰をもつ人も持たぬ人も、全ての大人たちは、中高生あるいは青年達を色々な角度から見ているものだ。しかしこれはどんな時代にもあったことで、特に現代だけのことではない。次代を担《にな》う青年達には今の大人よりもっと明るく、力強く、たくましくなってもらいたいと思うからである。そのためには、思い切って「外気」に当たらなければならない。夜の生活ではなく、昼の生活を大切にし、心の太陽である「神」あるいは「仏」に触れなければならないのだ。触れるどころか、神性《しんせい》・仏性《ぶっしょう》があなたであり、すべての人々である事を自覚しなければならないのである。

宗教的自覚というものは、人以外の動物には不可能であろうが、それでも動物にも明るさや太陽がどんなに必要であるかを、動物に関しての権威者である畑正憲さんはこう書いておられる。（平成四年九月五日の『日本経済新聞』より）

『（前略）去年の夏、私はゴルフを始めた。すると、わが家の連中がわれもわれもと参加し、ビギナーの集団が出来上った。T君もまた、その中の一人である。

ボールがどこにあるかと胸をときめかせて斜面を登ると、T君の白球は二百四十ヤードほど飛んでいた。しかし、その前で、黄色の生き物がちょこなんと座り、小首を傾げて考えこんでいた。

「おいおい、これは危いぞ」

「お願いしますよ。ニューボールだから、持って行かないで！」

T君がそう言った口の下から、キタキツネはボールをくわえ、すたすたとフェアウェイを横切り、林の中へ消えて行った。

東北海道のゴルフコース、どこでプレイしても、キツネを見かけるようになった。まず間違いなく、毎回見ている。

夏は子育ての季節だから、バンカーの砂の上に、足跡がいっぱい残っていたりする。たてに二つ並んだのがエゾシカのもので、ノウサギの足跡までついている。

ボールを盗《と》られたT君は嬉《うれ》しそうに言う。

「キツネが増えましたねえ」

「この前は、三匹の子連れが、ティーグランドの横で見物していたよ」

「キャディさんの中には、餌《えさ》を用意していて、キツネが出てくると投げ与えている人がいますね」

「キツネに会えるゴルフ場――それを売りものにしたいんじゃないですか」

キツネは用心深く、狷介《けんかい》な性格の持主であり、かつては人に近づかなかったものである。

一流の猟師でも、キツネだけは銃で撃つことが出来ず、罠《わな》でつかまえたものである。だからこそキツネは、人里近くで生き残ってこれたのである。

野生動物は、人が棒を持っていると、それを見ただけで逃げるのが当然だ。ところが、クラブを振り回すのを、至近距離で見物しているのである。キツネと人の関係が、十年前とは一変しつつあると言わねばなるまい。

理由の一つは、農家がニワトリを飼わなくなったことにある。ニワトリを放して置いて卵を得るよりも、買った方が安いのである。ニワトリがキツネにねらわれないので、キツネを憎む理由がなくなった。

野犬がすくなくなったのも、キツネがのびのび動きまわれる原因になっている。

私の観察では、キツネのように穴の中で子供を育てる動物の場合、暗い穴から子供が早く出てくればくるほど、その性格が陽気になるのである。暗い所にとじこめて飼うと、手がつけられぬひねくれものになる。これは、犬でも同じである。

人や野犬が危害を加えなくなったので、キツネは子供を連れ、明るい世界に出てくるようになった。そのことが、子ギツネの性格を変え、人なつこくしたのではないだろうか。

（作家）』

明るい太陽は、多くの恵みを、全てのものに与えていて下さるし、最近では電気エネルギーにも変化して、地球全体を保護して下さるのである。

＊ 練成会＝合宿して生長の家の教えを学び、実践する会。
＊ ジュニア友の会＝生長の家の中学生のグループ。
＊ 生高連＝生長の家高校生連盟。生長の家の高校生の組織。
＊ 『甘露の法雨』＝生長の家のお経の一つ。聖経と称せられる。
＊ 講習会＝生長の家講習会。
＊ 聖経＝『甘露の法雨』をはじめとする生長の家のお経の総称。
＊ 本部＝東京・原宿にある生長の家本部。
＊ 青年会＝生長の家青年会。

Ⅲ　神の子を生きる

1　職人衆の心

仕事のもと

平成十二年は、つまり西紀二〇〇〇年である。どちらも何となく句切りがよくて、新生の気分が出てくるではないか。「新年おめでとう」のダブル・イメージのようだ。こうして心が浮き立ってくると、勉強でも仕事でも、大いに成果が上がり、実力が出てくるものである。だから来年も、再来年《さらいねん》も、こうした伸びる力を引き出して行きたいものだ。

すると人間には本来「無限力」があるから、何でも上達するし、不可能が可能となってくる。今までいやだとか、下手《へた》だと思っていたことが、そうではなく、できるぞ、面白いぞということになるのである。例えば「掃除が苦手《にがて》」と思っていた人でも、やってみると「気持よくできる、あとがさわやかだ」ということになるだろう。

かつて松下幸之助氏が「松下政経塾」を作った時、塾生たちに「毎朝自分の部屋を掃除すること」をやらせた。このことはかつての塾頭だった上甲晃《じょうこうあきら》さんがＮＨＫラジオの「人生読本」で話されたので、その記事を「機関誌*」（平成八年十二月号）と『理想世界』誌*（平成九年の九月号）で紹介したことがある。* 政治経済の指導者となりたい者は、とかく「掃除なんかバカバカしい」と思い勝ちだが、決してそんなものではない。

人間の実力は「身体を動かす」ことによって出て来るのであり、しかも「周囲を浄化《じょうか》する」ことがその始め《アルファ》であり、終り《オメガ》である。それ故《ゆえ》、多くの職人さんは、弟子《でし》入りをすると、まず何年も〝掃除〟をやらされた。最近は腕の立つ職人さんが減ってきたが、数寄屋《すきや》大工の棟梁《とうりょう》だった中村外二《そとじ》さんも、こんな話をしておられた。（笠井一子著・『京の大工棟梁と七人の職人衆』草思社版より）

『新しく弟子をとるときは、まず人を見るんです。そのためには、掃除をさせるとようわかりますわ。隅まできちっと掃除する者はまず伸びますね。早うてもいい加減にサッとするのはあかんわ。それである程度、性格や品格がわかりますや。うちでは今でも、入って五年間は掃除をさせてますよ』(二〇頁)

江戸時代には士農工商という身分が確立され、政治は士が行い、経済は商人の仕事だった。農と工とはその中間にあったが、もっと昔はそんな区別などはなかったのである。動物たちと同じで、みな巣作りと食作りだった。適当な住居を適当な環境に作り、どうやって食料を得るかを考えていた。つまり工と農とが主体となって生きて来たのである。百姓というのは、何でもやった人達であり、職人が凡《あら》ゆる仕事の基本を司《つかさど》ったと言っても過言ではないだろう。

よい仕事のために

従って今でも職人衆の仕事を軽んじてはいけないし、頭でっかちな政治家や経済人だけで国が栄えるはずはないのである。それ故《ゆえ》、

「男子厨房《ちゅうぼう》に入る可《べ》からず」

などということはナイのだ。昔から、厨房で立派な料理やスシやテンプラを作った男女はいくらでもいるし、現代人はことに気軽に食事作りをするようになった。私なども最近厨房に入ってパンをやいたり、コーヒーを出したり、ミルクを60°にわかしたり、食卓をふいたりしていると、中々《なかなか》面白いので、もっとレパートリーをふやさなくてはいけないと感ずるようになった。部屋もせいぜい一部屋は掃除している。雨戸の開け閉めもやっているし、風呂の湯も入れている。するとこの家屋を作ってくれた大工さんたちの業《わざ》のよさが感ぜられて、

「これなら大ていの地震には堪《た》えられる」

と安心できるのである。特筆すべきはこの家の設計であって、大体が長方形の総二階建てで、そこに玄関とハナレをくっつけたといった形だ。しかも外側には竹林（らしきもの）が風情を添えている。この設計はもっぱら私と家内との合作で、松村さんという棟梁さんが二人の弟子と共に作ってくれた（今この家は本部に寄贈してある）。この松村さんの親父さんは、昔本宅（雅春先生宅）の方を作ってくれて、雪の日などには早朝に雪除《ゆきよ》けをしに来てくれたものであった。

さらに又《また》笠井一子さんの本には、森川邦男という左官屋《さかんや》さんの言葉が紹介されているが、京都生まれで三代目だということだ（六六頁）。昔は御所《ごしょ》の仕事をするために、「無官」ではいけないので、「左官」という呼び名になったのだそうだ。聚楽土《じゅらくど》という土が京壁《きょうかべ》作りには良いのだそうだが、二条城の近辺の聚楽第跡で取れる土で、今はもう取れなくなったから、土屋さん（土を売買する人）はこの辺の地下鉄工事のあとで買い溜めておくのだという。全ての仕事には技術の訓練の外に材料選びがとても大切で、すぐれた素材を使わないとうまく仕上がらないものである。その森川さんはこう話しておられた。

『（前略）仁和寺《にんなじ》の茶室ねぇ、黒いですな。あれは土の灰汁《あく》というか、錆《さび》というか、まあ、いうたら鉄分が出てくるから、黒うなるんです。かりにここに炉が切ってあって、湯気が立つとします。そうすると、この近くの壁だけパアーッと真っ黒になってきます。霧やとか梅雨どきとかの湿気の場合、山手近くの席なんかはとくにそうです。荒壁とか中塗りの鉄分が自然に出てくるんですね。時代がついたということですな。黒うなるのにそんなに時間はかかりませんわ。もう数年もしたら真っ黒になりまっせ。下地の竹の目のとこだけが白うてね。錆びるほど土がついてないから白いまま残るわけです。そやから黒い壁のなかにまっすぐに、こう白く下地竹の跡がついてるようなとこ、ありますね。それがまた景色《けしき》になっておもしろいんですわ。

そういう黒うなったとこを補修するときですか。そら、何かで色をつけんとしゃあない。何でつけるかて？　そら、いろいろ。たとえば外壁の裾《すそ》で濡れて苔《こけ》が生えたようなとこも、そういう色にします。口で言えしまへん。その場その場で、考えな。そら、天然のものでね。人工のものは一切使わしません。外壁の錆が出て赤茶けたとこは鉄の粉を入れたりねぇ。そういうときに塩とか醬油とか塩分を入れるんですわ。（後略）（七七頁）』

教えるということ

こうしたすぐれた職人衆もその他数多くおられるだろうが、その長年鍛《きた》え上げた技法と心とが、現代日本の最先端産業にも受けつがれ、中小企業のすぐれた製品（部品が多い）となって、内外の大企業を支えているのである。例えばその代表例として、パソコンのハードディスクドライヴ用の精密な小型モーターを作っている会社(日本電産)などは、高成長をとげている。日本の鉄鋼も、工作機械も、全てが日本のみならず全世界の産業を支える基盤となっているが、そのもとは職人的良心であると言っても過言ではない。

大体日本の職人衆は、地位や金もうけのために働いたのではない。従って「よい仕事をのこす」ことを一心に追求したのだ。するとその心はコトバとなり、警句となって伝播《でんぱ》した。永六輔さんが書いた『職人』という本(岩波新書)には、そのような言葉が沢山紹介されていて、心を打たれるものがある。その冒頭に、

『職業に貴賤《きせん》はないと思うけど、生き方には貴賤がありますねェ』

とあるが、全くその通りだ。職業としては重要な地位にいる政治家でも、大会社の重役でも、その生き方がインチキをやり、ウソ八百とギマンに満ちている人物は、〝賤《いや》しい生き方〟をした人ということになるだろう。

『教えるということは教わることです』（六頁）

ともあるが、これは私もしばしば話したことである。本を読んでいくら勉強しても、それだけでは本物にはならない。まだ未熟だと思っても、人に教えると、それだけ自分も教わることになるのである。昔私がまだ若かったころ、講習会に行って話をしなさいと大聖《だいせい》師《し》*から言われた。大いに困《こま》ったが、下手ながら話をし出して、人間は神の子だとか、神の子が人間であるなどと話していると、次第にその言葉の意味が深まってきて、『続々甘露の法雨』*の中にある、

『汝《なんじ》ら「人間・神の子」の自覚より

更《さら》に進んで「神の子・人間」の自覚に入るべし。

「神の子・人間」には病い無きなり。

「神の子・人間」の上には、

神の法則のみ支配す……』

の意味が会得《えとく》されるようになって来た。しかし「教える」ということは、自分が何もかも知っているというような〝増上慢《ぞうじょうまん》〟ではいけない。そんな我《が》の心で教師をしている教員が多いから、学級崩壊が起ったり、「日の丸」が戦争の旗だなどと、気が変になったようなことを教えるのである。中には日の丸の赤は血の色だ、などともいう。白は骨の色だなどと、勝手なことを教え込むが、こういうことを教える「職人さん」は一人もいない。どこの国でも戦争をする時は、自分の国の旗を持って行くのだ。他国の旗を持って行くバカはいないだろう。赤旗や白旗をかついで行く兵士は、いるとすれば共産国の人々、敗北を希望した人たちだけになる。今まで世界中の国々は、無数の戦争を繰り返したが、その度毎《たびごと》に国旗を変えたという話は聞かない。何故《なぜ》日本の旗だけが戦争の旗なのだろうか？

正直で威張らない

分からぬことは「分かりません」と言うのだ。それが「正直」を教えることであって、ウソを教えないということでもある。この世の中は、分からないことだらけなのだ。科学というのも、「分からぬということが分かってくる」という学問であって、科学は未完成だと分かり、そのプロセスを正しく教える素直な心がなければならないのである。

だから本当の人間は何も威張らない。威張る必要がないから、そのまま素直なのである。

永さんの『職人』の中に、風呂敷についてこんな話が書いてあった。（六七頁）

『片野元彦さんという藍《あい》の絞り染めの職人さんがいました。現役のパリパリで活躍していた頃なんですが、あるとき、料理屋で自分のつくった風呂敷が額縁に入れて飾られているのを見た。それで仕事をやめちゃったんです。

〈これはきっと、オレのつくった風呂敷が物を包むためのものじゃなくて、額縁に入れるのにふさわしいようなものになってしまったからだろう、オレの仕事がどこかで威張っていたとすれば恥ずかしい〉——片野さんはそう思って、自分のつくったものからそういう嫌らしさが消えるまで、仕事をしないと言った人でした。』

この話も、色々と考えさせられる職人さんの言動だ。しかし多少まだ「分からぬ所」もあるような話である。だが銅像を立てさせて喜んでいる人々よりもずっと清潔だ。さらにこんな言葉もあった。

『私ァ、名もない職人です。

売るために品物をこしらえたことはありません。

えェ、こしらえたものがありがたいことに売れるんでさァ』（六二頁）

私の生家の系統は、もともと鉄砲を作る職人だったと聞いている。さらにその前は何をしていたか知らないが、山口県の萩《はぎ》で鉄砲鍛冶《かじ》をして、士分《しぶん》に取り立てられ、荒地《あらち》という姓と土地とを与えられたそうだ。だから本家には高い鍛冶の塔と、清流の流れる川があったのを憶えている。その後鉄砲作りがすたり、百姓をして暮らした。荒地の父は上京して東大の前身の東京帝国大学に入学して、ことさらゆっくりと卒業したようで、判事になっても「曲がったことは大嫌い。キセルの首の曲がったのも、犬の尻尾の曲がったのもきらい」という生活を送っていたようである。

鉄砲などなど

しかも骨董《こっとう》が大好きで、各地に転勤しながら、夫々《それぞれ》の市や町の骨董屋と仲好しになり、古物をかかえて帰って来て、毎日それを磨いていたのを記憶している。ことに萩焼を集めるのが趣味で、長い間茶渋《ちゃしぶ》で色をつけて喜んでいた。そのせいか私も骨董ではないがカメラの古手が好きで、色々の古カメラを買ってはこわしたり、作り直したりして、今もその機械くずが戸棚に一杯残っている。

かつて別の文章でも述べたことがあるが、タイプライターも和文、英文、かなタイプと色々使ったが、やがてワープロが発売されるやいなや、沖電気の原始的な製造第二号か三号を買ったが、今はもうなくなった。やはり手書きで原稿用紙に一字ずつ書いている現状である。手書きも職人的手作業の一種だと思うがどうだろうか。

鉄砲のことで今思い出すのは、昭和十七年軍隊に召集《しょうしゅう》された時の手渡された三八式歩兵銃だ。これより前に、村田銃というのが明治十三年(一八八〇年)に日本ではじめて作られたという。それは陸軍少佐村田経芳《つねよし》によって作られたライフル銃で、口径が十一ミリの初の国産品だ。私もこの村田銃を持たされた時もあったが、何だかなつかしい気がした。この銃によって、日本軍の銃が一種類に統一されたというのである。

製作者の村田経芳さんは同時に射撃の名手であり、薩摩藩の島津斉彬《なりあきら》公の命をうけて小銃の開発を始めた。作るだけではなく、作ったものを使って技を磨くのである。さらに『産経新聞』平成十一年九月五日号にはこう紹介されている。村田経芳さんは、『明治八年には、ヨーロッパ視察を許される。フランス、イギリス、スイス、ドイツなど、行く先々で射的競技に参加して勝ち、フランスでは「世界第一等の射的家」と認める賞状まで贈られた。こうした兵器の研究をもとに十三年式村田銃が完成するが、さらに重量を軽くした十八年式村田歩兵銃、八連発の二十二年式連発銃へと改良が重ねられてゆく。

村田銃は、東京・小石川の東京砲兵工廠《こうしょう》で大量生産された。後楽園を囲んで現在は東京ドームなどが並ぶ広大な一帯は、小銃を中心とする兵器生産のメッカだった。日清戦争で使用された十三年式と十八年式の合計は十一万挺《ちょう》といわれ、二十二年式村田銃は、北清事変（義和団の乱）で威力を発揮した。

経芳は明治二十三年に少将で退役し、後に男爵に叙せられた。探求心は衰えず、折れにくく実用的な日本刀（「村田刀」）を考案したり、晩年には、「回転家屋」を考えて楽しんでいたという。太陽の動きに合わせて回転させる家で、寒を避けて暖を取るという発想に、根っからの発明家精神がうかがえる。』

最後につけ加えると、家内は骨董品や機械いじりは嫌いなたちであるが、家の建て方については熱心で、この村田氏と同じような「回転家屋」を提案して、二十年くらい以前からしばしば「こんな家に住みたい」と、言及していた。勿論《もちろん》村田氏の発案とは全く無関係だが、不思議な「人生学校」である。

＊ 機関誌＝生長の家の会員向け月刊誌。『生長の家相愛会』『生長の家白鳩会』『生長の家青年会』の三誌がある。生長の家本部刊。

＊『理想世界』誌＝生長の家の青年向けの月刊誌。

＊……紹介したことがある＝機関誌で紹介された文章は『幸運の扉をひらく』（谷口清超著、日本教文社刊）の三〇頁～三二頁に収録されている。

＊ 大聖師＝生長の家創始者・谷口雅春先生のこと。

＊『続々甘露の法雨』＝生長の家のお経のひとつ。

2 今を生き抜く

広さと高さ

平成十年のアメリカ大リーグではマーク・マグワイアとサミー・ソーサがホームランの数を大飛躍させた。これはいずれも〝世界記録〟といってよいだろう。しかもアメリカ大リーグはその数が前年は二一チーム、さらにその五年前には五チームもふえているのである。大リーグの数をふやすためには、それまでの二軍チームを格上げするわけだから、選手のレヴェルが下がってくるという傾向が出るかも知れないと思う人もいるだろう。

例えば日本ではかつて大学の数が飛躍的にふえたことがあった。戦後の教育改革で、それまでの旧制高校が大学に昇格したからである。当時はこの種の大学を〝駅弁大学〟などと言った人もいたが、今では夫々《それぞれ》立派な教授もふえ、学生間でも実力にはほとんど差がなくなったように思われる（但《ただ》し全般的に大学教育のあり方はナマヌルく、改善の余地はたっぷりとある）。少なくともトップ・レヴェルは低下することはなく、より一層向上すること、あたかも大リーグの数の上昇と同じ現象である。

その原因は、富士山の高さと、その裾《すそ》野《の》の広さとの関連を考えると分かりやすいだろう。狭い敷地には、高い建物は建てられない。法的制約もあるが、物理的に考えても、自然にそうなって来る。しかし広い野原があるというだけでは、そこに高い山や建物が建つわけではない。やはりそこにある種の〝圧力〟が加わらないと高さの盛り上がりはないのである。その〝圧力〟は内圧であったり、外圧であったりする。両方の圧力である場合も多いのだ。

高山がそびえ立つ場合は、地球内部のマグマの噴出する力であったり、もっと深くはプレートの移動による圧力も加わることもある。しかし建築物や社会現象の場合は、人の心の変化や圧力が強くないと実現しないのである。ことに信仰の運動や活動では、心の力が本物でないと大きく盛り上がるものではない。つまり金儲《かねもう》けや病気治しのためといった小さなご利益《りやく》を求める心ではなく、人間の本心即《すなわ》ち「真・善・美」「本来心」が湧《わ》き上がるような運動でないと、真実の「人類光明化運動」とはならないのである。

自然と奇蹟

ところが幸いなことに「真・善・美」即ち「本心」「神の子の本質」は全ての人々にすでに内在している。全ての人々はみな神の子だ、ということだ。従ってこの事実を指摘し、信じ、感謝し、礼拝し、祈るならば、その信仰者の集いには数々の奇蹟《きせき》的現象も現れてくる。それはいわゆる〝奇蹟〟と称せられるものではなく、ごく当り前の力であり、行動である場合が本物である。それ故《ゆえ》『自然流通《じねんるつう》の神示』*にはこう示されている。

『「生長の家」は奇蹟を見せるところではない。「生長の家」は奇蹟を無くするところである。人間が健康になるのが何が奇蹟であるか。人間は本来健康なのであるから、健康になるのは自然であって奇蹟ではない。「生長の家」はすべての者に真理を悟《さと》らしめ、異常現象を無くし、当り前の人間に人類を帰らしめ、当り前のままで其《そ》の儘《まま》で喜べる人間にならしめる処《ところ》である。あらゆる人間の不幸は、当り前で喜べない為に起るものであることを知れ。当り前で喜べるようになったとき、その人の一切の不幸は拭《ぬぐ》いとられる。病気もなければ、貧乏もない、また搾取《さくしゅ》された富もなければ、搾取した富もない。蹂躙《ふみにじ》られた弱者もなければ蹂躙《ふみにじ》った強者もない。唯《ただ》、一切が渾然《こんぜん》として一切の者が富んでいる。此《こ》れが実相である。大いなる生命の流れが一切者に貫流し、とどまらず、堰《せ》くところなく、豊かに流れて、ものの供給もおのずから無限である。（中略）』

当り前の人間でも喜べないというのでは、異状の人間でないと喜べない――ということになり、このような考えでは、怪物人間になっても、「まだ足らぬ、まだ不足している」と追加要求をする人々の集団になり下がるのだ。ところが肉体的にはいかに不完全のようでも、その欠点を乗りこえて信仰を深めて行った人々がいる。平成十年の十一月に行われた「全国青年練成会」*で、作本直夢《さくもとなおむ》さん（昭和四十八年三月生まれ）が、次のような体験を述べてくださった。

彼がはじめて「生長の家」にふれたのは小学校五年のときで、両親のすすめで小学生練成会に参加した。その後二十歳のときに就職し、働き始めたが、歩きにくさを感じた。病院で検査してもらったところ、手術が必要ということで手術を受けたのである。脳腫瘍《のうしゅよう》と脊椎《せきつい》腫瘍のための歩行困難だったので、大手術をうけ、約半年間入院した。耳も不自由で、目も不自由、右眼は失明した。話すことも難しいという大変な困難に見舞われたのである。手術の直前には歩くこともできず、首の痛みで満足に眠ることもできない状態だった。首の神経の手術は危険率も高く、手術室で色々説明された時は、実につらい思いをした。さらに弟も同じような病気で、母も脳腫瘍で入院されたのであった。

変身した

こんな気の毒な人々もいるのだということを知って頂きたい。手術後は歩行も可能となり、「歩ける」ということがこんなにも有難いことだとつくづく感じたという。その後は「生長の家」の本を読み、二十五歳までに『生命《せいめい》の實相《じっそう》』全巻を三回読み、三百冊ほどの生長の家の本を繰返し読んだ。そして印象に残った言葉は、「今しかない」というコトバだ。

永遠の「今」のことであり、「実相」のことを指すが、「今を生かす」とか「今を生きる」という現実生活の指針でもある。

しかしまだ彼は神想観《しんそうかん》もせず、聖経《せいきょう》の読誦《どくじゅ》もせず、生活の中に教えはほとんど生かされていなかった。従って取り越し苦労も多く、人が自分をどう思うかということを気にしていた。しかし平成九年の十月に、久しぶりに誌友会*に参加した。話すことがあまりなかったので、自分が今まで経験して来たことを話した。すると皆さんが大変喜んでくれた。そして次の日から彼は聖経の千巻読誦をやり始めたのである。

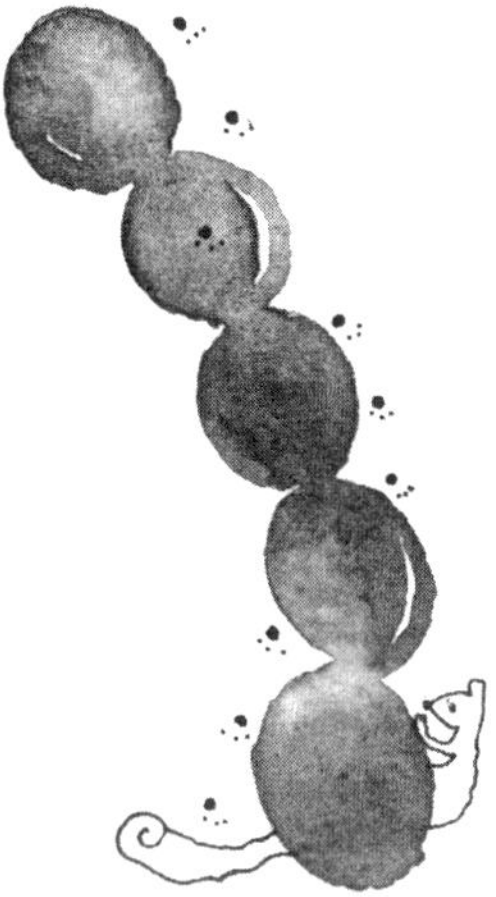

　十九日たった四百五十回目の時、急に宇治*の練成会に行きたくなり、十一月の短期練成会に参加した。しかし耳が聞こえないので講話がよく分からない。何しろ私が三十センチ位の所で彼に話しかけても聞こえなかったくらいだから、遠くから聞く講話は全く聞こえなかったのだろう。これでは話し相手もでき

ない。〝聞こえない練成会〟だった。しかし何故《なぜ》かすばらしいという感じがして、帰る時には見るもの全てが新鮮に輝いて見えたのである。

さらに十二月の一般練成会にも参加した。それを切っかけに、家に帰ってからは朝晩先祖供養をしはじめ、朝の五時から「神想観」を始めた。さらに青年会活動にも参加し、誌友会や講習会、団体参拝練成会と行き、中高生練成会、全国大会などを積極的に参加した。*

こうして三月には単位青年会の委員長にもなった。これが目も耳も、脚も不自由な作本青年の変身した姿である。これにくらべると身体のどこにも不自由のない人々が、あれができない、これが足りないなどと不平不満を言っているのがおかしい。まるで夢の中で「動けない」とか「具合がわるい」などと叫《さけ》んでいるようなものだと言えるであろう。

さらに彼は生活がマンネリ化するのを防ごうと思い、五月の宇治の特別練成会にも参加した。この時知り合った中野さんと仲よくなり、練成中も色々と補佐をしてもらい、傍《かたわ》らで話を筆記して見せてくれたりした。そこで意を決して研修生になった。体力的にはかなりきつかったが、多くの人々から助けられて、やり通した。こうして八月二十日には帰宅した。帰ってからも先祖供養に努め、神想観を行じ、聖経読誦を続け、青年会活動を行い、さらに何とかして誌友会を開きたいと思うようになった。九月にはその誌友会を実現させ、七名の参加者を得たのである。こうして誌友会をやり出してから、開催者の気持が分かり、人が集まって来てくれることが、こんなにも嬉《うれ》しいものだと自覚することが出来たのである。

さらに講習会の目標数も確保した。聖経読誦も、間もなく一年になるが、六千二百回に達したということであった。家では母が入院している関係上、炊事、洗濯、掃除など、家事全般を自分でやっているという。しかもこの体験は、お金などには代えられない〝貴重な財産〟になると思い、同じように病気などで悩んでいる人達の光になりたいと願っている現在だと話されたのであった。

闘いと祈り

このような青年が一人でもいることは、何百万の人々の救いになるか分からない。もし彼にこの信仰がなかったら、ただ自分一人の人生を、恨《うら》みやのろいの毎日を孤独で送る存在となっていただろうと思われる。貧と思えば貧であり、自給自足にこだわれば、不自由で神に見捨てられた自分と思うかもしれない。しかし本当は人は全て豊かなのであり、当り前の「今」を生きている「神の子」だということができるのである。

さらに又この全国青年練成会では、身体的にはめぐまれていても、父母の結婚生活の破《は》綻《たん》から不幸な道を歩んだクリストファー・剛《ごう》・アーウィン君というアメリカ青年（一九八〇年二月生まれ）が通訳付きで次のような話をしてくれた。彼は日本の岩国市で生まれ、母は沖縄の人、父はアメリカ人であった。しかし彼が一歳の時両親は離婚した。父と母は二人ともアメリカに移住したが、父は子供二人を引きとり、白人の女性と再婚した。この父は本来すばらしい人間だったが、アルコール中毒で、よく浮気をした。アーウィン君と姉に対しても、暴力を振うことが度々《たびたび》だった。こうして彼が十三歳の時、父は二度目の母とも離婚した。

そこで彼はこの義理の母と共に二人でカンザス市に移住した。彼は試験で大変よい成績をとったので、よいクラスに入ることが出来た。しかし学校の授業には興味が湧《わ》かず、やがてギャングの仲間入りをした。薬《ヤク》を使ったり、悪いことは何もかもやったが、自分では

「悪い」と思っていなかったからである。それは父がずっとそのようなことをやっていて、モハンを示していてくれたからである。

ギャング・グループの仲間は沢山《たくさん》いたが、一番仲のよかったダレンという青年がいた。彼は下町の出身で、別のギャング・グループに属していた。ダレンの仲間の一人が、彼のガール・フレンドを傷つけたので、ダレンと彼とは喧嘩《けんか》することになった。その闘《たたか》いの前日彼はキリスト教の教会に行って、四時間ほど神に祈った。

「自分が彼と闘わないようにして下さい……」と。

さて闘いの当日になると、ダレンがショッピング・センターにいた所を、突然誰《だれ》か不明の人物に撃たれて死亡した。これは彼の祈りによって死んだというのではないが、結果的には「彼と闘わない」という思いが叶《かな》ったことになった。そのことが彼の心の深い傷となり、神を非難するようになってしまったのである。

神とは何か

しかし神が一々現象世界の出来事を作ったり、変更したりするのではない。神の国は完全無欠であるから、病も闘いも、貧乏も離婚もナイのである。これが本当の「そのままの世界」であり「今即久遠《いまそくくおん》」の世界の実相である。ところが現実界は、実相の影の影であり、心の影として、仮に作り出された映像であり、不完全だ。その不完全さを見て、神を審《さば》き神を非難するのでは、あたかもピンボケの写真を見て神を非難するような間違いをおかしていることになる。

そんなことから彼と義母との間も悪化して来たが、母は彼のために一所懸命で働いてくれていた。が彼と母との間はますます険悪となり、彼は母から追い出される結果となった。母は彼とは血のつながりがないにも拘《かかわ》らず、色々と面倒を見てくれていたので、彼は家を去ることが嫌だった。しかし遂《つい》に家を飛び出した。

もうこの家には帰れない。しかしそこから離れることができないので、その周辺を三週間ほどうろついていた。だが最終的には、彼の生みの母と連絡をとり、カリフォルニアに行くことになったのはよい選択だった。こうしてやっと実母と一緒に住むようになったが、実母もまた再婚していて、彼には義父に当たる人がいた。そして彼は又この母と争うようになったのである。

これはまだ彼が何一つ本当の信仰を理解せず、ただいたずらに社会の波に漂《ただよ》い流されるだけの生活を送っていたからであろう。こうして高校には入学はしたが、そこで又しても喧嘩をしたのがもとで、入学早々に退学させられた。しかしその事件が起ったすぐ後で、彼は母がいつも日曜日になると〝いなくなる〟ことに気が付いた。一体どこに行くのだろうと思って母に尋《たず》ねると、

「私は生長の家に行っている」

という。彼女は息子のトラブルや自分の心配事を相談しに行っていた。そして母は、

「一度ぜひ教会（生長の家の）に来て、お話を聞いてほしい」

とたのむのだ。それじゃ一度だけだよといって、彼は行くことを約束した。さて行ってみると、驚いたことに皆がすごく明るくて、幸せそうで、気持が悪いくらいだった。その

上初めて会った彼に「有り難うございます」なんて言うので、変だなと思った。しかし彼は母の気持を察して、もうちょっとこれを勉強してみようという気になり、その後は「生長の家」の会へ行ったり、教義の本を読んだりした。

　やがて「神想観」もはじめ、一日に一万回「ありがとうございます」と唱《とな》えることも始めた。すると心が変わり、コトバが変わると、人生というドラマはどのようにでも変わって来る。それはコトバが人生を支配し、心で観《み》ることが現実に現れてくるからである。彼の生活や態度も、少しずつ変わった。すると彼の才能も伸びてきて、新しい学校に変わってから成績が向上し、やがて学校のクラブでも会長になることが出来た。彼は最後にこう言ったのである。

「私が言いたいのは、どんな環境で生まれ、どんなことを過去にして来たにしても、皆神の子であるということを、私の体験を通してぜひ知ってほしいと思います」と。

　このように人生学校は流通無限である。過去や肉体がいかにあろうとも、それは新しく作り出されて行く現象という映像だ。しかもその本質は全て神の子であり仏であり、完全人間であり、不死・不滅であり、「今即久遠」を生きる神性《しんせい》そのものなのである。それゆえ

『自然流通の神示』には、さらに又こう書かれている。

『自他は一つである。「生長の家」は自給他足、他給自足、循環してとどまらず、大実在の無限流通の有様を見て、その有様の如《ごと》く現実世界を生きるのが現実界の「生長の家」である。貧に執する聖者も、富に執する富者《ふうじゃ》も、「生長の家」人ではない。当り前の人間を自覚し、当り前に生きるのが「生長の家」の人である。「当り前の人間」が神の子である。皆此《こ》の真理を悟った人が少い。「当り前の人間」のほかに「神の子」があるように思って異常なものを憧《あこが》れるのは、太陽に背を向けて光を求めて走るに等しい。(後略)』と。

＊自然流通の神示＝昭和八年、生長の家創始者・谷口雅春先生が神から受けた啓示。

＊全国青年練成会＝谷口清超先生の御指導により生長の家総本山(長崎県西彼町)で行われた。

＊誌友会＝生長の家の教えを学ぶ小集会。

＊宇治＝生長の家宇治別格本山。

＊団体参拝練成会＝生長の家総本山へ教区単位で参拝し、受ける練成会。

＊全国大会＝毎年五月に東京・日本武道館で行われる。「相愛会・栄える会合同全国大会」「白鳩会全国大会」「青年会全国大会」の三大会がある。

3　正直であること

ある難行苦行《なんぎょうくぎょう》

人はとかく、大きな事は大事だと思い、小さなことは軽々《かるがる》しく扱《あつか》うが、本当はどちらも大切である。昔からの諺《ことわざ》に、大きな堤防も小さな孔《あな》から崩《くず》れてしまうという警句があるし、ちょっとしたウソや違反から、大変な不幸に出くわすこともある。例えば平成七年九月二十六日の『読売新聞』には、こんな記事がのっていた。

『石川県・能登半島沿いの日本海で、夜釣りの中学生二人の乗ったボートが高波で沖合に流され、半日以上にわたって漂流するという騒動があった。二人は海岸に漂着した後、さらに六時間砂浜を歩き続けて無事に帰宅したが、現場海域は台風十四号の影響で大荒れの状態だったといい、関係者は胸をなで下ろしている。

この二人は、石川県志賀《しか》町内の中学二年A君（一三）と同級生のB君（一四）。二十三日午後七時ごろ、同町内の於古《おこ》川に夜釣りに出掛け、同八時半ごろから、河口から約一キロ上流に係留してあったプラスチック製小型ボート（長さ三・六メートル、幅一・一メートル）に乗り、近くに落ちていた木の棒とアルミ板をオール代わりにして海にこぎ出したが、翌二十四日午前九時ごろから雨が激しく降り始め、波も高くなって、五、六回転覆。二人はその都度、船の水をかい出してはい上がり、岸を目指したが、転覆で〃オール〃が流されてボートは思い通りに操れなくなり、漂流状態に陥った。

ところが、流されるうちに次第に陸地に近づき、こぎ出してから約二十五時間後の同日午後九時半ごろ、志賀町

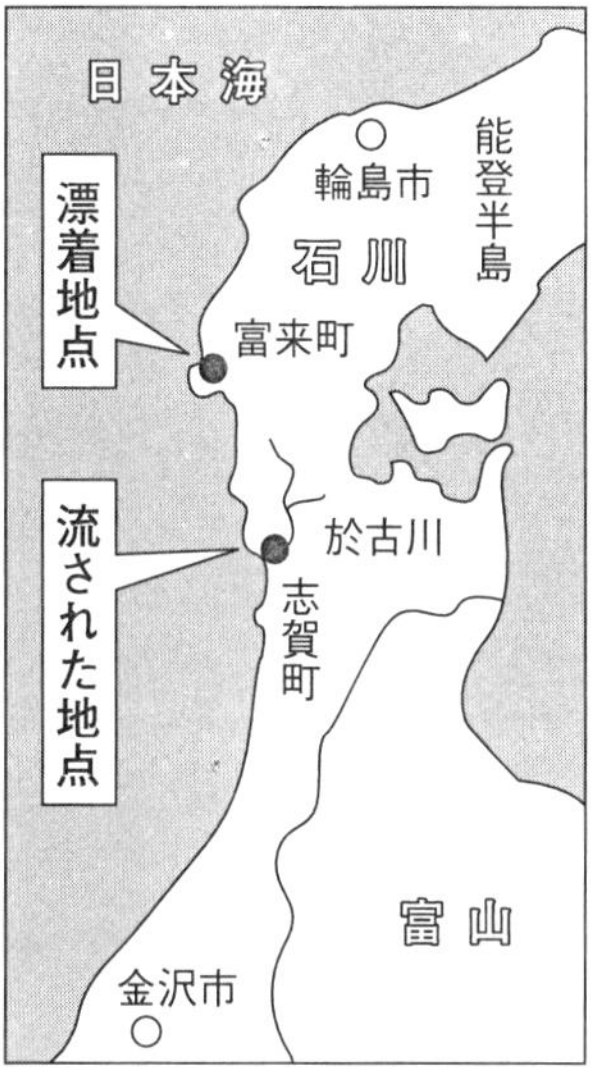

▲中学生2人の漂流現場

から約二十キロ北の富来町《とぎ》赤崎海岸に漂着した。二人はずぶぬれのまま、さらに約六時間砂浜を歩き続け、同町鹿頭の民家に駆け込んで、自宅に電話連絡。家族が駆け付け、二人を無事に保護した。持っていた食料はバナナ数本だけだったという。』

ヤレヤレ助かってよかったが、こういう時は数本のバナナでも、大変心強いもので、元気をつけてくれる。ところで問題なのは、彼らがボートに乗ってこぎ出した点だ。これさえなくて、単に夜釣りをしただけならば、こんな危険な〝漂流〟はしなかったはずである。しかも最初から、自分たちが用意したボートではなく、他人所有のボートに無断で乗りこんで、木の棒とアルミ板をオール代りにして船をこいだのであった。これは〝小さな違反行為〟だから、どうでもよいかというと、決してそうではないことが、二十五時間もかかる難行苦行を強いられたことでも明白であろう。

嘘《うそ》をつくべからず

それ故小事《ゆえしょうじ》でも馬鹿にしてはいけない。時にはそのために生命を失う結果にもなるし、他の関係者にも大変な迷惑をかけることになる。何の気なしにタバコをポイ捨てして、そのために大火になったという事例はよくあることで、それをもし高校生がやったとしたら、それは〝法律違反〟でもある。このような悪習慣は「小さい、小さい」ですましてしまう人もあるが、決して小さくはない。ウソをつくのでも、それは〝法律違反〟ではないにしても、ウソツキのくせがつくと、そのウソは限りなく発展して、「彼は（彼女は）信用できない」となり、大人になってからは社会的信用を失い、家庭の崩壊《ほうかい》にもつながって行く。

それ故、「正直」ということが美徳であり、それは古くからの教えでもしばしば取り上げられて来た。山岡鉄舟《てつしゅう》という幕末《ばくまつ》の剣豪《けんごう》は、剣の道ばかりを訓練したのではなく、「心」を鍛《きた》えた人で、鉄舟の二十則なるものを残している。その最初に「嘘《うそ》をいうべからず候《そうろう》」と教えている。ウソツキでは剣道の極意《ごくい》も得られないが、人生の幸福も近よっては来ない。どんな小さな嘘でも、一ぺん嘘を言うと、それがバレないために、あとあとまでその嘘のごまかしのために心を遣《つか》わなければならず、そのウソは又次のウソを生み、さらにそれが次々とウソを再生産すること、あたかも鼠《ねずみ》やゴキブリの子の如《ごと》くである。こうして彼らの人生は何が何だかわからない「いつわりの人生」と化してしまうのである。

正直が傷つけた？

　ところで、人によると、時には正直一点張りでも困《こま》るのではないかと苦言《くげん》を呈《てい》することもある。平成七年十月二十五日の『産経新聞』の投書欄には、匿名《とくめい》で次のような一文をよせた奈良県の女性がいた。

『「今まであなたのこと嫌いだったけど、今日から好きになったわ」

　五年前、ある年輩の女性から言われた言葉だ。私は針で突かれた思いがした。たぶん十年ほど前、初めてその方に会った時から、私は嫌われているような気がしていた。会話したこともない、ただあいさつを交わすだけのその人が、私を避けたり、にらみつけたりすることを感じていた。しかし、本当に「嫌いだった」なんて――。

　思ったことはなんでも真正直《まつしようじき》、ストレートに言う人らしいけれど、その正直さが他人を傷つけていることを、あなたは知らない。きっとその言葉で私を傷つけたことも、あなたは知らない。今日から好きになってくれたのだからと、何もいわずに笑顔で「ありがとう」

と返事をしたけれど、知っていてほしい。嫌いな人をつくれば、それだけ自分も嫌われているということを。

私は思った。知らないうちから好き嫌いを決めることはせず、自分にないものをもっていることを、すばらしいことと認めてあげるよう心がけようと。思っていても、言わずに済むこともあるのだということを。』

この投書者は最後に「自分にないものをもっていることを、すばらしいことと認めてあげよう」と大変よいことに気付いておられるから、この点は大変結構だ。しかし「正直」ということを、何もかも思っていることをしゃべることだと考えたのかも知れない。そこで彼女は「正直さが人を傷つける」と表現したのだろうが、この点は少しちがうと思う。何もかもしゃべったり、自己の全てを発表することと、「正直」とはちがう。吾々《われわれ》は自分の考えている思いを全て発表せよとは言わないし、実行不可能でもある。例えばかつて憎んでいた人がいても、その思いを言わないで、

「私はあなたのこういう良い所や深切《しんせつ》さに気がついていませんでした」

と言っても〝不正直〟とは言えないだろう。相手の美点をほめ、相手の欠点をくさすこ

とをしなくても、〃不正直〃でも何でもない。世の中には言ってよいこともあるが、言わない方がよい場合もある。その中で「どれを発表するか」は当人の自主的判断によるのであって、嘘をつくのでも何でもない。ありもせぬ嘘をつくのは不正直だが、それは、「どこそこへ行った」のに「行かなかった」と言うような場合だ。本当は○○大学を出てはいないのに、「○○大学を出た」などというのは嘘をつくので、不正直ということになるが、一々全ての人に「私は○○大学を出ていましてね」と言わなくてもよい。むしろその方が自然だとも言える。

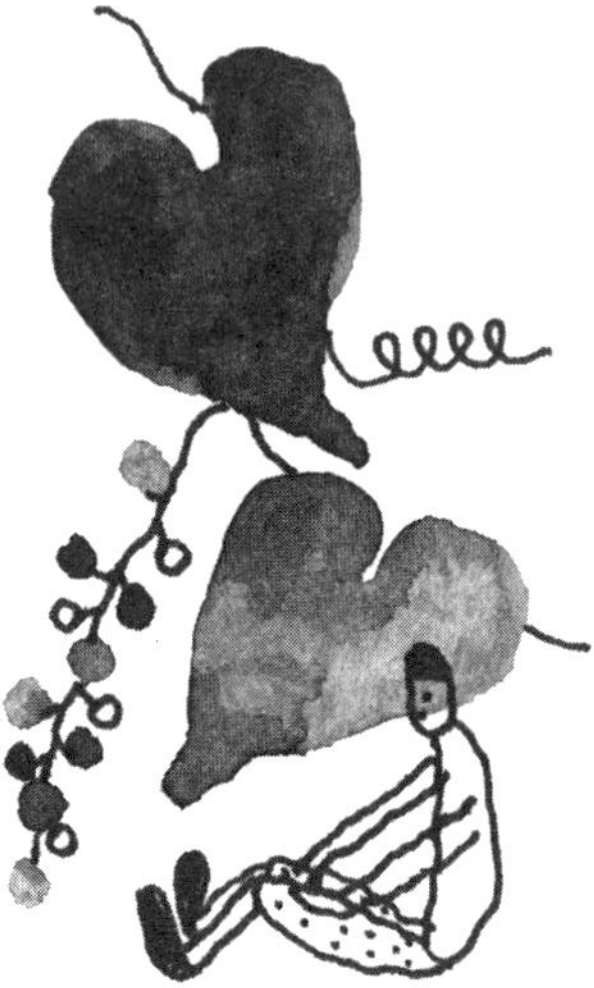

だからこの先輩との会話でも、

「今まであなたのこと嫌いだったけど、今日から好きになったわ」

などと言わなくても、この文章の後半だけ、つまり「あなたが好きになったわ」とだけ言えば、相手に打撃を与えたりいやな思いをさせなくてすむのだ。つまり投書者の受けた不快感は、相手の「正直さ」による不快感ではなく、言わなくてよい事までしゃべった（時期が来ないのに）思いやりの不足によるのである。つまりズケズケと言いすぎたからだ。

正直か不見識か

吾々は、このような不明《ふめい》や無遠慮《ぶえんりょ》をもって正直とは言わない。相手の気持を思いやってあげていないのはよくないのである。従って、言葉ばかりではなく、自分の身体でも行動でも、全てを相手に暴露《ばくろ》しなくても「不正直」でも何でもない。

「今朝トイレに行ったら、こんな大便が出て、こんなに腹がいたかった」

などとしゃべらなかったからといって、別に不正直でも何でもない。必要があればしゃべってもよいが、大して親しくもない相手に、そんなことまでしゃべるのは、「正直」ではなくて「不見識《ふけんしき》」であり「無定見《むていけん》」と言われるもので、そのおそまつさが相手を傷つけるのである。

では何でも半分くらいしか言わないのがよいかというと、これもおかしな話で、そう言った劃一的《かくいってき》*な物の考え方が○×式教育の弊害《へいがい》とも言えるだろう。すべて善悪美醜《びしゅう》の判断は「人《じん》・時《じ》・処《しょ》の三相応《さんそうおう》」*を得るを良しとする。誰《だれ》が、どこで、何時《いつ》、何を言ったかで、その言葉が良しとされ、又悪しとされるのである。何でもかんでも、誰にでも、いつでも同じことをしゃべるのは、愚《おろ》かであるというだけのことで、「正直である」のではない。

又その逆に「明らかにしゃべるべきことを、隠しておく」のは正直ではなく、不正直となることがよくある。例えば人々に教えを伝える時でも、これは生長の家の教えであるということを隠して、あたかも自分のよき考えであり、自分の発想であるかのように言う人は、本当の正直さを欠いている点で、不正直な人間である。出すべき名前やことばは、出さなければならない。何時、誰に、どこで……ということは「人・時・処の三相応」に属することであって、いつも必ず「生長の家では……」と一々定冠詞《ていかんし》のようにつけよと言うのではない。どこかでそれが分かればよいのである。

しかしある種の宗教や団体では、その団体の名前をかくして、当りさわりのない一企業やグループの計画のように装い、人々を勧誘したり、物品を売り付けたりすることもある。これは「不正直だ」といえる。そのため多くの人々が、知らないうちにその団体に引き込まれ、アッと気がついたら、もう出られなく（又はぬけ出にくく）なっていて困った――ということになるだろう。これはまさに「隠すこと」による不正直である。

このように「正直」という一語を取ってみても、何をどうしゃべり、又しゃべらないかは、マニュアル的な物の考え方では伝えられないのだ。こんな小さな一事件でも、それを小なりとして軽んじてはいけない。小は大に通ずる。神は全宇宙に遍満《へんまん》＊し給《たま》うと共に、一個の種子の中にも、一分子、一原子、原子核の中にも、素粒子の中にも、その全身を収め給うている。そこに真・善・美がギッシリとつめこまれ、凝縮《ぎようしゆく》されて、「これを握《にぎ》れば一点となり、これを開けば無窮《むきゆう》となる」（『甘露《かんろ》の法雨《ほうう》』より）のが「生命の実相」であり、真・善・美なる神の実体であることを知らなければならない。

何を信ずるか

即《すなわ》ち実在界という神の国には、大もなく小もない。一即多《いちそくた》であり、一仏一切仏《いちぶついっさいぶつ》なのである。時々神と仏とは別だという人もいるが、それは現象界からの見方であって、神も仏も、その本源からすれば一体であり、〝絶対者〟である。その絶対を、AならAという肉体的個人にあてはめようとしたから、ある宗教団体はAが殺人罪で起訴されても、まだ「Aを信ずる」と言う。その信がAなる者の実相（神性・仏性）を信ずるのなら話が分かるが、その現世《げんせ》における行動の全てを信じ、それについて行くというのであれば、彼は正しい信仰の持主ではないといえる。強盗の手下が、その親分の命令にハイハイと従って行くようなものだからだ。このような信じ方もあるが、これは正信《しょうしん》の如《ごと》くであって、偽信《ぎしん》である。ちょっとした違いのようだが、大変大きな差異《さい》をもたらし、幸福への道は、月とスッポンほども違って来るのである。

かつてある誌友*さん(女性)が、夫が刑務所入りをしたけれども、彼を信じて、子供と共に夫の出所を長い間待っていたことがある。しかし彼女は夫の命令に従って、自分も悪いこと（この場合は暴力沙汰《ざた》だったが）をしたのではない。夫の実相が「神の子」であって、完全円満な「すばらしい夫だ」ということを信じ、子供たちにも、夫の深切だった思い出や、すばらしかったことを話して聞かせ、

「父ちゃんは、間もなく帰ってくるよ。皆で待っていようね」

と、夫の悪口など一つも言わずに待っていたのである。すると子供たちは近所の人々も驚くほど素直にスクスクと育ち、進んで家事の手伝いをしてくれ、やがて夫の帰宅を迎えて、皆で喜び合ったということである。この女性を「不正直」と言うことは出来ない。彼女は夫の実相のすばらしさを心で観《み》、かつ夫の美点を子供たちに語り聞かせたのだ。夫の暴力の数々を子供に言い聞かせたのではない。それは彼女の記憶の中にあったかも知れないが、それを子供には語らなかった。だから彼女は不正直かというと、決してそんなことはないのである。前にものべたように、人は全ての現象を記憶した通りにしゃべらなくてもよいことがある。つまり「人・時・処の三相応」を得れば、今必要なことが何であるかが分かって来るのだ。その「三相応」を得るには、現象界のマニュアルではなく、神の国を想《おも》い観《み》る「神想観《しんそうかん》」から来る智慧《ちえ》や、ヒントによるのである。

その「神想観」のやり方が教えられ、それはどこで、何時やってもよいし、自宅でも、集会場でもよい――と教えられているのに、それを小事《しょうじ》と心得てやろうとしない人がいる。するとその小事は、大事《だいじ》に到《いた》って、やがて大変な困難に直面することになる。

又ある別の女性Bさんは東京にいた時、ある公園の前で別の女性から呼びとめられ、着物を買わないかとさそわれた。その着物を見ると、ちょっと気に入ったので、それを買ったが、その後も相手の女性からさそわれて、色々とその女性から国際的に人のためになることをやるグループがあるという話をきき、そのビデオを見せてあげるというので見に行ったらしい。やがてBさんはその話に魅せられて、しばらく東京でその団体の〝修業〟をやりたいと言い出した。しかし私達は彼女の話を聞いたり、買った着物を見たりして、何となくおかしいなと思った。そこで、

「一ぺん、ぜひ、東京に残るかどうか親もとに連絡して、父母によく相談しなさい」

と忠告した。すると彼女は私達の言うことをきいて母親に相談した。すると「すぐ帰っておいで」と強く忠告され、素直に彼女は帰郷《ききょう》した。その後Bさんはずっと郷里にとどまり、例の団体の中には入らず、生長の家の青年会活動をしていたが、そのため何ら困ったようなことにならず、被害は着物一枚（品物にしては高価すぎた）ですみ、最近とてもよい縁談がまとまり、いよいよ結婚することになったという明るい手紙をよこされたのであった。「父母に相談する」というちょっとしたことでも、素直に受けいれる人は、大事に至らなくてすむのである。

＊劃一的＝すべてを一様にすること。画一的に同じ。
＊人・時・処の三相応＝相手、時、場所の三つに、ふさわしい発言と行動をすること。
＊遍満＝広く充満すること。
＊誌友＝生長の家の発行する普及誌を継続的に購読して修養する人。

4　愛を生きる

何をなすべきか

人は本来無限の能力を持ち、すばらしい可能性を秘めている。それは今生きている一個の肉体だけが〝自分〟ではなく、永遠に生き続ける魂が〝自分〟だからである。そこで訓練や努力次第《しだい》では、年が若くても才能を現わすことが出来るし、優《すぐ》れた表現力を持つことも出来るのである。例えば平成七年二月二十五日の『産経新聞』のアピール欄にはこんな投書が載《の》せられていた。

『　　　　　　　　　　　　中学3年生　辻本雅子　15

（大阪府高槻市）

残り少ない中学の社会科の授業で、地球環境のことについて学びました。世界中で森林が伐採《ばっさい》されて地球の温暖化に影響が及ぶことや、今回の阪神大震災のような直下型地震が原子力発電所のある場所で起こったら大変なことになる、という危険性を知り、とても驚きました。

しかし、今の日本では原発が必要になってきているから、それはしようがないと思います。放射能が漏《も》れないように十分に気をつけていただくしかないと思います。

昔に比べて今は古紙などが増えてきており、リサイクルをしている人もいると思います。先生が授業でおっしゃった中に、「自分一人がリサイクルなんてしたってどうにもならないとか、自分が生きているのもせいぜい八十年だから、そんなのやったって意味がない。自分が生きているときだけ不自由しなければ、何したって構わない、などと後の世のことを考えない人もいる」という話があります。私も確かにこのような問題を自分一人でやっても意味がなさそうに思えました。しかし、これは深く考えなければならない問題だと気付きました。

今の日本がこんなに豊かなのは、やっぱり私たちのおじいちゃんや祖先のおかげだと思います。戦後、日本が復興したのは、私たちの祖先、戦前に生まれた人たちが命懸《いのちが》けで一生懸命やってくれたからだ、と思います。そうでなければ、今のような豊かな時代は来なかったと思います。祖先は私たち子孫のこともしっかり考えてくれていて、決して自分だけがよければいいなんて考えは持っていなかったと思います。祖先のおかげで、こんな豊かな時代に生まれることができ、何不自由なく生きていられて、私は感謝したいと思います。

自分はどうせ死ぬのだから、今だけ豊かだったらいい、子孫のことなどどうでもいい、と考えている人は、いま自分が豊かな中で暮らしていけるのがだれのおかげなのかを考えてほしいと思います。

私たちが祖先から豊かな時代をいただいた分、これから私たちも子孫のためにできることをやっていかなければならないと思います。たとえ自分一人だけしかリサイクルをやっていかなくても、その周りの人は少しずつでもそれをすることの意味を分かってくれるだろうと私は信じています。』

このようなしっかりした意見を持っている少年少女は、きっと立派な父母や先生方からよい教育をうけたのだろう。だがそうではなくて、いつも甘《あま》やかされ、我儘《わがまま》に育てられていると、自分ひとりの幸せばかりを考え、しかもそれが達成できないために、かえって悩み苦しみつつこの人生を送ることになるものである。

カレーライス

帝国ホテルの料理長をしておられた村上信夫さんが、平成七年の二月の『人生読本』（NHK第一放送）でこんな話をしておられた。村上氏は大正十年生まれの神田っ子で、現在は立派な内外の賞をもらい、有意義な著書も書いておられるが、昭和十五年から帝国ホテルに入社し、新参《しんざん》の修業時代には先《ま》ず鍋《なべ》洗いからやらされたそうだ。当時のコック修業はきびしいもので、フランス料理の味付けをおぼえるのでも、誰《だれ》も教えてくれはしない。だから自分が洗うことになった鍋の中に残っているソースを舐《な》めて、その味を憶《おぼ》えようとしたが、一応全部の鍋がきれいに洗って下がってくるから味が分からない。

そこでどうしたかというと、仕方がないから出来るだけピカピカに鍋を磨《みが》き上げたというのだ。つまり今与えられた〝鍋洗い〟の仕事に全力を投入したのだ。〝鍋を愛した〟とも言えるだろう。一応ソースの味とは無関係な行為だったが、その鍋洗いに愛念をこめて働いていると、当時の料理長（シェフ）が、「このごろの鍋はよく磨いてあるが、誰がやっているのか」ときいてくれて、村上氏だということがシェフに伝わった。すると、

「今度から鍋のソースを少し残しておいてやれ」

と言ってくれ、それから下がって来たフライパン鍋のソースを舐めて、その味を憶えたということだ。このように、今与えられた仕事に愛念を込め、力一杯やるということが、次の仕事に進んで行く最善の方法となるのである。

ところで村上氏は昭和十七年一月十日に、陸軍に召集《しょうしゅう》された。その時もナイフとフライパンを持って佐倉《さくら》の連隊に入った。やがて戦地に送られ、中国大陸で軍務に就《つ》いた。ある日の夜明け前に攻撃をかけるというので、その前日、あしたの戦闘では死者も出るだろうから、今晩は皆においしいものを作ってくれと言われた。丁度《ちょうど》カレー粉があったので、一心にカレーライスを作って部隊の兵士たちに食べてもらった。

すると野戦地だから八キロ四方にカレーの匂《にお》いが拡《ひろ》がった。そこへ少佐の部隊長が馬で駆《か》けつけて来て、

「誰だ！　ライスカレーを作った奴《やつ》は！」

と怒鳴《どな》るのだ。抜刀《ばっとう》しているから驚いたが、やがて少佐は村上さんのそばに来て、刀を鞘《さや》に納め、

「おい、おれにもライスカレーを食わしてくれ」

という。やがて夜明けが近づいた時、部隊は攻撃をかけたが、敵さんは一人もいなくなっていた。敵軍もさるもの、カレーの匂いをかいで、「日本軍が包囲している」と感じて、総退却《そうたいきゃく》してしまったからだ。こうして期せずしてこの夜は〝人命の救助の朝〟になったという話である。

　このように料理を作るという文明的な仕事を一心にやっていると、それ相当の「よい結果」が出て来るのであって、平和にも役立つのだが、兵隊全員が料理当

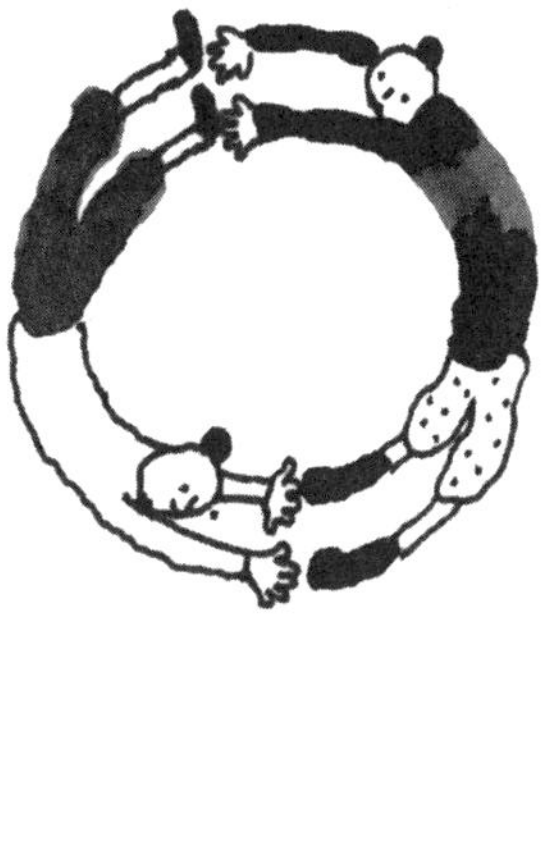

番ばかりやるわけにも行かない所が難点《なんてん》であろう。

仕事に心をこめて

さてやがて敗戦となり、ソ連船でシベリアに送られたが、捕虜《ほりよ》生活では食べる楽しみしかない。だから村上さんは炊事《すいじ》の腕をふるって、多くの日本兵にささやかな楽しみを与える任務についた。するとある時一人の兵隊が病気になり、日本の軍医さんが診《み》ても、もう余命《よめい》いくばくもない状態だった。ソ連の女医さんも診てくれたが、もう助からないという。だから「好きなものを食べさせよう」ということになった。

村上さんがその病兵の口のそばに耳を持って聞くと、「アイスクリームが食べたい」と言う。その前にパイナップルが食べたいとも言った。では何とかしようというので引き受けたが、パイナップルなどは、どこにもない。やっと凍《こお》りついたリンゴが二個手に入った。そこで村上さんはリンゴをむいて芯《しん》を取り、輪切りにしてパイナップルらしい形にこしらえ、それを砂糖のシロップで煮て、零下三五度の外気で冷やしてから病人に持って行った。

すると病人はとても喜んで、小さく切ったのを一枚全部食べてしまったのである。村上さんは残ったリンゴ・パイナップルを枕許《まくらもと》に置いて帰って来たが、やがてこの病人は二日後に大きな病院に移された。もう二度と彼とは会えないだろうと思っていると、春になってから、ある日トラックに乗った日本人が降りて来た。そして村上さん目がけて走って来る。近づいたのをよく見ると、村上さんがリンゴ・パイナップルを食べさせたあの病兵だ。その彼が村上さんに駆けよって、こう言うのだ。

「私は、あのおいしいパイナップルをご馳走《ちそう》になって、〝生きる希望〟を持ちました。しかもあとでご馳走になったアイスクリームで、もうこれで〝生きなきゃいかん！　絶対に死なない！〟ということを自分の身体に言いきかせました。そして入院しても、〝生きるんだ、生きるんだ〟と、そして〝再び日本に帰るんだ！〟ということを、朝目がさめると必ず言い、夜ねる前にも必ず言いました。おかげ様で、こんなに元気になって、又もどって参りました！　これもあなたが作って下さったパイナップルとアイスクリームのお蔭《かげ》です」

このようにして村上さんは又一人の兵隊を救うことが出来たという話をしておられたのである。何事によらず人のためになることは、それがどんなにささやかな愛行《あいぎよう》であろうと、「心をこめてやる」ことだ。すると一切れのパイナップルでも、一さじのアイスクリームでも、人の命を救いとるほどの力になることが出来る。そういう真心のこもった行動をし、今の仕事に今生き切ることによって、この世の中は確実によくなって行く。それに反して今の仕事に価値を見出《みいだ》さず、「こんな仕事をして毎日を送っても、立身出世《りっしんしゅっせ》とは無関係」などと思って、いやいやながら生きて行ったのでは、結局この貴重な人生を酔生夢死《すいせいむし》*してしまうだけなのである。又《また》村上氏は学生時代に柔道をやっていたので、終戦後フランスに留学してフランス料理を勉強した時も、最初は日本人だといって白眼視《はくがんし》*されたが、柔道によって大いに沢山の知人を得、たのしく料理を学ぶことが出来たと話もしておられたのである。

* 酔生夢死＝何もせずにむだに一生を終わること。
* 白眼視＝人を冷ややかに見ること。冷たい目つきで遇すること。

「人生学校」はすばらしい〔完〕

「人生学校《じんせいがっこう》」はすばらしい

平成十二年　九　月十五日　初版発行
平成十二年十二月　一　日　再版発行

著　者　谷口清超《たにぐちせいちょう》

発行者　岸　重人
発行所　株式会社　日本教文社
東京都港区赤坂九—六—四四　〒一〇七—八六七四
電　話　〇三（三四〇一）九一一一（代表）
〇三（三四〇一）九一一四（編集）
FAX　〇三（三四〇一）九一一八（編集）
〇三（三四〇一）九一三九（営業）

頒布所　財団法人　世界聖典普及協会
東京都港区赤坂九—六—三三　〒一〇七—八六九一
振替　〇〇一一〇—七—一二〇五四九

組版所　レディバード
印刷所　光明社
製本所　光明社

ISBN4-531-05214-5　Printed in Japan